奈良女子大学叢書 6

疫病と日本史

——「コロナ禍」のなかから

小路田 泰直 編著

敬文舎

目次

証左であった。

午前腰越より帰京、風邪は近来各地に伝播せし流行感冒(俗に西班牙風と云ふ)なりしが、二日間斗《ばか》りにて下熱し、昨夜は全く平熱となりたれば今朝帰京せしなり。閣議を官邸に開らきたり。

(『原敬日記』一九一八年一〇月二九日)

米騒動や「思想問題」への関心の高さと比べて、それは対照的だった。そしてその影響があってか、スペイン風邪の記憶は、ほとんど後世に伝わっていない。今日の歴史教科書を見ればそれがわかる。そうした反応もありうるのである。

しかし、今回は違っている。ある朝起きたら世界が一変していたのである。あれよあれよという間に、人びとは自粛の波に飲み込まれていった。旅行もしない、外食もしない、職場にも行かない、それを受け容れた。そして今、予測しはじめている。もう世界は元には戻らない。「新しい生活様式」は、今は緊急避難的な対応だが、そのうち新たな文化となって定着するだろうと。

では、なぜ今回のコロナ禍は、人や国家の、かくも過敏な反応を引き起こしたのだろうか。

いくつかの理由が考えられる。もしかしたらスペイン風邪が流行した一〇〇年前に比べて、人の命の価値が上がったからかもしれない。一人でも人が死ねば、それが一大事として受け止められる社会環境がすでに成立しているからかもしれない。もしそうだとすれば、それはよいことである。人の命が弊履《へいり》のように使い捨てられる社会よりもはるかによい。

あるいは、社会学者藤田弘夫氏の弁（『都市と国家』ミネルヴァ書房、一九九〇年）を想い出す。農村は飢えるが、都市は飢えない。もし都市が飢えそうになれば、農村を飢えさせてでも、国家は都市を守る。だから都市の飢えが顕在化したとき、すなわち天明の打ちこわしが起きたときや、米騒動が起きたとき、国家は過敏に反応したのである。スペイン風邪はおもに農村で広がった。しかし、今回の新型コロナは、東京、大阪を中心に都市に広がっている。だからなのかもしれない。地方ではなくまず東京に広がったから、人びとはことさら過敏に反応しているのである。

そしてそれを別の角度からみれば、世界人口の五五パーセント（二〇一八年国連人口予測）が都市に住むようになった現代、その一部としての極端な東京一極集中への警鐘乱打なのかもしれないのである。

しかし、理由はどうもそれだけではない。もう一つ考えられる。それは、今回のコロナ禍が単なる偶発的な出来事ではなく、何か大きな社会の構造的な歪《ゆが》みの現れではないか、ということである。ならば人は、このコロナ禍の向こうに、その社会の構造的ひずみそのものを読み取ろうとする。だから人は、今回のコロナ禍に、必要以上に敏感になっているのではないだろうか。

そしてそれはありうる。本書でも何人かの論者がそのことに触れるが、時として疫病や飢饉《ききん》は、社会の構造的転換のきっかけになってきた。ということは逆に、疫病や飢饉は、時として構造的転換を迫られている社会の歪みの現れ＝兆候であったということになるからである。

そして、われわれはこの理由に注目する。今回のコロナ禍もまた、なんらかの社会の構造的歪みの現れと受け止め、その歪みの正体を突き止めようと考える。


ところで、長いあいだわれわれは――思想としてのマルクス主義への賛否は別として――歴史を描くとき、マルクスの描いた歴史の描き方に、多くを負ってきた。歴史を動かす根源的な力を、生産力と生産関係の矛盾に求め、すでに生産力の阻害要因となりつつある古い生産関係の担い手と、生産力の新たな発展を促す新しい生産関係の担い手の葛藤（階級闘争）をもって、歴史の原動力ととらえてきた。だからその階級闘争が極限に達したときに起こる「革命」に、時代の転換の画期をみてきたのである。

しかしその一方で、飢饉や疫病や戦争といった、人や社会の生存を根底から揺るがすような出来事を以て、歴史を区切る努力を怠ってきた。だから、たとえば、九世紀から一〇世紀にかけて日本列島を襲った温暖化も、旱魃《かんばつ》と飢餓の原因とはとらえずに、気温が上がればおのずから農業生産力は上昇するはずだという単純な常識にしたがって、生産力発展の新たな条件ととらえてきたのである。そして、そこに古代から中世への転換・移行の原因をみてきた。

当然、こうした歴史の見方に対する批判も存在した。九世紀から一〇世紀にかけての温暖化を、生産力上昇ではなく旱魃と飢饉の原因ととらえる、本書収録の西谷地晴美《にしやちせいび》氏の論考のような、災害史視点にたった研究も一九九〇年代末には現れた。しかし、生産力史観に取り憑《つ》かれた当時の学界が、そうした研究に耳を傾けることはなかった。ただその影響は、奈良女子大学においては大きな広がりをみせ、本書もまたその影響の下に生まれたといっても過言ではない。そこで改めて、二〇年前の氏の論考を巻末に収録させていただいた。

それはさておき、考えてみれば二〇世紀社会科学の最大の発見は「有限」である。人の生存環境の輪郭に「無限」を措定《そてい》するのではなく、「有限」を措定したことである。だから労働価値説は限界効用説に置き換えられ、環境問題が視野に入ってきたのである。それは、日本においても社会科学の黎明《れいめい》が、足尾鉱毒事件とともに訪れたこととも通底している（小松裕『田中正造――未来を紡ぐ思想人』岩波現代文庫、二〇一三年）。田中正造なかりせば、河上肇の『貧乏物語』も生まれなかっただろう。

だとすれば人の活動が、その「有限」の壁にぶつかったときにもっとも激しい社会的摩擦が起こり、それをきっかけに人の活動のエントロピーを下げるさまざまな営みがはじまる、それが時代の変革につながる、と考えるのは自然である。そしてその激しい社会的摩擦といえば、まずは飢饉や疫病や戦争が挙げられる。ならば飢饉や疫病や戦争を以て時代を区切る歴史学はあって当然のことになるのである。逆に現代の歴史学が、二〇・二一世紀型社会科学の仲間入りを果たすためには、飢饉や疫病を歴史のエピソードとしてとらえるのではなく、時代を動かす歴史の原動力としてとらえる力をもたなくてはならないということになる。たとえば『疫病と世界史』（新潮社、一九八五年）の著者W・H・マクニール（アメリカ人歴史家）のように、である。

そこで、今回のコロナ禍をきっかけに、その歴史学の生まれ変わりの手がかりをつかもうとすることも本書の課題となる。西谷地晴美氏、西村さとみ氏、田中希生氏、斉藤恵美氏、村上麻佑子氏がその魁《さきがけ》となってくれることを期待する。

われわれは、この間、「何かあれば即考える」をモットーに、二〇一一年の東日本大震災が起きたときには、五年にわたる共同研究を経て『核の世紀』（東京堂出版、二〇一六年）を発刊し、明治維新一五〇周年があれば『明治維新とは何か？』（東京堂出版、二〇一八年）を、天皇の譲位・代替わりがあれば『私の天皇論』（東京堂出版、二〇二〇年）を、ほぼ一年間の準備を経て発刊してきた。

重大事は起こるべくして起きる。ならば何か重大事に直面して「今なぜかかることが起きるのか」を考えることは、われわれの歴史をみる目を確実に鍛えてくれるのである。

ところで、今回のコロナ禍でいちばん惨めな姿を晒《さら》したのは、日本の専門家である。政権の欲する範囲でものを言い、その政権から弊履のごとく捨てられても――「専門家会議」が寝耳に水のタイミングで廃止されても――、憤りを顕《あらわ》にすることさえしなかった。他方、毎度のことながら、マスコミに乗せられて、世論に迎合した発言を繰り返す専門家も多数現れた。なぜ、これほど日本の専門家は「弱い」のだろうか。アメリカ大統領顧問の国立アレルギー感染症研究所所長アンソニー・ファウチ氏などの「強さ」と比較して、暗澹《あんたん》たる気持ちになった人も少なくないだろう。

結局、次のようなことではないだろうか。日本の専門家は、目の前の事実から物事を考える訓練を経てきていない。この国は明治以来、完成された知識を欧米から輸入し、それを日本の現実に応用することを以て専門家の仕事としてきた。発展途上国的な専門家観である。また、だから教育も知育に偏重してきた。その習慣からいまだに抜け出せていないのである。だから、この国の専門家に、マニュアルの整っていない目前の出来事に即対応せよと言っても、それは無理難題を言っていることにしかならないのである。岡田知弘氏のように、現実からものを考える批判精神が彼らには希薄だ。しかし、危機は常に新規の事象としてやってくる。だから真の危機が迫ると、日本の専門家はその対応力を失ってしまうのである。それが「弱さ」となって現れる。

そして注意すべきは、われわれもまた、その「弱い」専門家の片割れだということである。だから何か重大事に遭遇すると、われわれもまた「今なぜかかることが起きるのか」を問う訓練を続けなくてはならない存在なのである。今回もまたそれを行う機会が与えられた。

ゆえに、われわれは本書を編むのである。

小路田　泰直

第一部

「コロナ禍」への問い

COVID-19

第一章

疫病と歴史の構造転換

――スペイン風邪からCOVID-19へ

小路田 泰直

はじめに

『日本書紀』の崇神天皇五年条には次のような記事がある。

国内《くにのうち》に疾疫《えのやまひ》多《おほ》くして、民《おほみたから》死亡《まか》れる者有《ものあ》りて、且大半《なかばにす》ぎなむとす。*1

この年、病名は不明だが疫病が大流行し、人口が半減する惨事が起きたというのである。翌年には、人民が流民化し、反乱も起きた。

そこで興味深いのは、その疫病に対する崇神天皇の対応である。

彼は、その時代にふさわしく、祈禱を行うことによって疫病を鎮めようとした。最初は宮中に祀られていた天照大御神《あまてらすおほみかみ》に祈った。しかし効果はなかった。そこで次に、倭迹迹日百襲姫命《やまとととびももそひめのみこと》に憑《つ》いて現れた大物主神《おほものぬしのかみ》に祈った。すると当初は効果がなかったが、天皇の夢枕にたった大物主自身の示唆に従い、和泉国陶邑《すゑむら》から大物主の子の太田田根子《おほたたねこ》を呼び寄せ祈らせたところ、たちまち効果が表れ、疫病は沈静化した。そして、大物主の呼び出しに功あった倭迹迹日百襲姫命は、後日大物主神に嫁いだ。

しかし、そこで事件が起きた。姫は大物主の正体がじつは蛇であることを知り、大声を発して神に恥をかかせてしまったのである。当然、彼女は深く悔い、ついにはみずからの「陰《ほと》」を箸で突いて死んでしまった。

すると、それを聞いた人民が悲嘆にくれた。そこで悲しみのあまり、大和盆地の西側の大坂山から石をバケツリレー方式で運び、彼女のために巨大な前方後円墳を造ってしまったのである。我が国最初の巨大前方後円墳「箸墓《はしはか》」の誕生である。

では、この一連の出来事の意味していることは何か。崇神天皇五年の疫病の大流行は、王権祭祀の、自然崇拝から祖先崇拝への切り替えをもたらしたということである。天照大神は太陽を象徴する自然神であったが、大物主神は、太田田根子という人間の子をもち、その子に祀られることを期待する祖先神であった。さらには死後、箸墓に祀られた倭迹迹日百襲姫命も、祀られたあとは皇祖神という名の祖先神となった。

では、王権祭祀が自然崇拝から祖先崇拝に切り替わったということは、いかなる現象となって現れたのだろうか。まずは、時代が弥生時代から古墳時代に移行した。箸墓誕生以降が古墳時代であり、巨大古墳墓の存在は祖先崇拝の象徴だからである。さらには、列島規模の最初の統一国家が誕生した。祖先崇拝に支えられた王の統治範囲は広い。倭迹迹日百襲姫命は、通常「魏志倭人伝」に登場する邪馬台国の女王卑弥呼のことと考えられているからである。

ならば言えるだろう。今日の日本の原型となった「邪馬台国」とも「大和朝廷」ともいわれる古代国家は、まさに疫病の惨禍のなかから立ち上がったのであると。時代の転換が、時に疫病の流行によってもたらされると考えるのは、自然である。国家の誕生という巨大な出来事さえ、疫病によってもたらされたのである。

改憲派・護憲派史観の虚妄

非常時に弱かった改憲派内閣

今、再び疫病が時代の転換をもたらしつつある。

考えてみれば、長くこの国は、敗戦国としての屈辱を晴らし、憲法を改正して——自主憲法を制定して——、主権国家にふさわしい国防力（軍隊）と非常時対応能力を身につけるべきだとする人びと、それに抗い、どこまでも日本国憲法第九条の掲げる戦争放棄の理想に準ずるべきだとする人びとの政治的緊張のなかにあった。結党以来改憲を党是として掲げる自由民主党と、非武装中立論に凝り固まり「平和ボケ」とまで揶揄《やゆ》されながら護憲の旗を掲げ続けた日本社会党の対立は、それを象徴していた。

しかし冷戦終結後、日本社会党が消滅し、その緊張の磁場に狂いが生じた。前者の考え方に立つ人びとの一人勝ちの感を呈するに至った。当然人びとは思った。もう憲法改正は止めようがない、間近だと。憲法改正を正面から掲げる安倍（晋三）内閣が誕生して、ますますその感は強くなった。

しかし今回のコロナ禍は、そのわれわれの認識が、もしかしたら間違っていたのではないか、と思わせるような現象を引き起こしたのである。

二〇二〇年二月二七日、安倍首相が、突然全国の学校に、三月二日を期して臨時休校に入ることを要請したとき、その唐突さに、常日ごろから憲法への緊急事態条項の盛り込みを主張してきた安倍首相ならではの果断さをみた人は、少なくなかったと思われる。

しかし、安倍首相が安倍首相らしく果断に振る舞ったのはそこまでであった。あとは目も当てられないほどの優柔不断さを発揮した。目の前に「新型インフルエンザ等対策特別措置法」がありながら、それをただちに使おうとはしなかった。その改正にこだわり、ようやく三月一三日になって改正ができても、今度はそれから約ひと月、四月七日まで、緊急事態宣言の発令を躊躇《ちゅうちょ》しつづけた。そのまま事態を放置したら「オーバーシュート」(ニューヨークのような感染爆発)が起こり、何十万人という人命が奪われるとする、専門家会議メンバーの切羽《せっぱ》詰まった、しかし根拠のよくわからないアジテーションに引きずられる形で、四月七日になってようやく重い腰をあげた。

だが、優柔不断は続いた。今度は、緊急事態宣言を出しておきながら、それにふさわしい強制措置をとろうとしなかった。何事も要請はするが、強制はしない。感染症対策の基本である「検査」と「隔離」がうまくいかず、医療崩壊が随所で起きはじめていても、状況を劇的に改善するための強制措置を、結局はとらなかった。繰り返される安倍首相の発言を嘲笑《あざわら》うかのように増えなかったPCR検査件数が、そのことをよく物語っている。

これまでもっとも声高に憲法改正を主張し、憲法への緊急事態条項の盛り込みの必要を説いてきた人たちが、じつは、実際に非常時に遭遇したとき、それにふさわしい強制措置をとる意志も能力ももたない人たちであることが明らかになったのである。安倍内閣を形づくる人びとも、普通の妥協・調整型の日本の政治家となんら変わらない政治家であることが明らかになったのである。

戦後政治の実相

となると、戦後日本を縛ってきた先述の改憲派と護憲派の緊張も、本当に存在したのかどうか怪しくなってきた。戦後政治に対するわれわれの認識が今、揺らぎはじめたのである。

そして、そういえばと思い当たることがある。それは「安倍一強」といわれる状態が続き、憲法改正が現実味を帯びてくればくるほど、自由民主党の改憲論（安倍改憲論）が、そのラディカルさを失ってきた現実である。[*2] 今や憲法第九条の第一項（戦争放棄）と第二項（戦力不保持）は残したまま、第三項に自衛隊条項を付け加えればそれでよいと言いはじめているのである。本来の改憲派からすれば、予想もつかない「後退戦」を安倍内閣は続けているのである。

戦力不保持原則のもとでの自衛隊の合憲化とは、いったい何がしたいのか、と誰しもが思ってしまうからである。これも、安倍首相にはもともと改憲の意図などない、と思ってしまえば矛盾なく理解できる。しかし、そう思うということは、われわれの戦後観、同時代観を根底から覆すことになる。みずからが生きている時代が、これまでの常識ではとらえきれなくなる。今、たしかに時代は動きはじめているのである。今回のコロナ禍はその予兆なのかもしれない。

スペイン風邪から「世界最終戦」へ

忘れ去られるスペイン風邪

今回のコロナ禍以前に世界的に流行した感染症といえば、一九一八年（大正七）から一九二〇年にかけて猛威を振るったスペイン風邪がある。患者数、死亡者数については諸説あるようだが、世界人口の何分の一という規模で罹《かか》り、数千万人規模で人が死んだ。日本でも人口の半分近くが罹り、三八万人を超える人が死んだ。犠牲者の数は第一次世界大戦のそれをはるかに上回った。

では、そのスペイン風邪の流行はなぜ起きたのだろうか。発生源については、これまた諸説あるようだが、媒介したのは、明らかに第一次世界大戦の勃発に伴う、世界的規模での軍隊の移動であった。アメリカで発生したものが、一九一七年四月に参戦したアメリカ軍とともに大西洋を渡った、というのがもっとも有力な説のようだ。そもそも感染症の予防には、各国の厳格な検疫体制と国際協調が不可欠だが、第一次世界大戦を引き起こしたナショナリズムとナショナリズムの激突は、その両方を吹き飛ばしてしまったからである。

しかし今のわれわれに、第一次世界大戦やその渦中に起きた米騒動（一九一八年）の記憶はあっても、スペイン風邪の記憶はあまりない。歴史教科書を見ればわかる。では、なぜその記憶は薄いのか。これは想像でしかないが、その後の多くの人びとの努力によって、二度とスペイン風邪の流行のようなパンデミックを起こさない体制の構築に、人類が成功したからではなかったのだろうか。再発の危険性がなければ、人は戦争の記憶を残しても、疫病の記憶は残さない。疫病の記憶には、差別し、差別される、人間社会ならではの忌まわしい記憶がまとわりつくからである。人の差別の根底には、常に疫病がある。

では、人はスペイン風邪の流行以降、なぜ二度と同様のパンデミックを起こさない体制の構築に成功したのか。流行のきっかけはナショナリズムとナショナリズムの激しい衝突であった。第二次世界大戦を経て、その衝突が容易に世界戦争に発展しない国際協調体制の構築に成功したからであった。一九四八年（昭和二三）に誕生した世界保健機構（ＷＨＯ）は、まさにその国際協調体制の申し子であった。

では、ナショナリズムとナショナリズムの衝突を緩和することができず第一次世界大戦に突入した人類が、なぜ三〇年後、その衝突があっても世界戦争に発展しない国際協調体制の構築に成功したのだろうか。

国際連盟をつくり、ひたすら話し合いを重ねたからか。国際連盟の下には、一九二一年に国際連盟保健機関（LNHO: League of Nations Health Organization）のような組織もつくられていた。[*3] 結果的にはＷＨＯの先駆けとなった組織である。

パクスアメリカーナの誕生とパンデミックの封印

しかし、それは違う。現実は、次のような「戦争論」にひきずられて、今いちどの世界戦争（第二次世界大戦）を戦い抜いたからであった。[*4]

一番遠い太平洋を挟んで空軍による決戦が行われる時が、人類最後の一大決勝戦の時であります。即ち無着陸で世界をぐるぐる廻れるような飛行機ができる時代であります。それから破壊の兵器も今度の欧州大戦で使っているようなものでは、まだ問題になりません。もっと徹底的な、一度あたると何万人もがペチャンコにやられるところの、私どもには想像もされないような大威力のものができねばなりません。飛行機は無着陸で世界をグルグル廻る。しかも破壊兵器は最も新鋭なもの、例えば今日戦争になって次の朝、夜が明けて見ると敵国の首府や主要都市は徹底的に破壊されている。その代わり大阪も、東京も、北京も、上海も、廃墟になっておりましょう。すべてが吹き飛んでしまう……。それぐらいの破壊力のものであろうと思います。そうなると戦争は短期間に終わる。……このような決戦兵器を創造して、この惨状にどこまでも堪え得る者が最後の優者であります。[*5]

「無着陸で世界をグルグル廻」れるような飛行機と、「一度あたると何万人もがペチャンコにやられるところの、私どもには想像もされないような大威力の」「破壊の兵器」が開発されたとき、人類は「人類最後の一大決勝戦」に臨む。そして死力を尽くして戦った結果、「世界の一地方を根拠とする武力が、全世界の至るところに対し迅速にその威力を発揮し、抵抗するものを屈服し得る」体制を生み、その下での世界平和を実現する。かかる超大国による大量破壊兵器（核兵器）の独占を背景とした、恒久平和の実現を最終の理想とする「戦争論」であった。

これは、満州事変を引き起こした日本陸軍軍人石原莞爾《いしはらかんじ》の唱えた「世界最終戦論」であるが、同様の考え方は当然、カウンターパートナーであるアメリカにもあった。ウィルソン大統領のもとで第一次世界大戦下の軍事物資の動員に携わり、それが機縁でアメリカにおける軍産複合体の育ての親となり、さらにはフランクリン・ルーズベルト大統領の顧問（影の大統領）として原爆開発（マンハッタン計画）にも深く関わり、第二次世界大戦後になると国連原子力委員会のアメリカ代表として「アメリカの核独占による平和」を唱えたユダヤ人資本家バーナード・バルーク[*6]や、そのバルークの後継者と目され、テネシー川流域開発公社（ＴＶＡ）のリーダーを経てアメリカ原子力委員会（ＡＥＣ）初代委員長となったデビッド・リリエンソール――彼もユダヤ人――のような人たちが、その担い手であった。[*7]

なお、バルークが石原莞爾同様の「世界最終戦論」者であったことは、彼がアメリカ代表として一九四六年六月一四日に国連原子力委員会に提出した、いわゆるバルーク提案によって明らかであった。彼は、単に現在の国際原子力機関（ＩＡＥＡ）のような形での原子力の国際管理を要求したのではなかった。国際原子力開発機関（ＩＡＤＡ）を設置し、あらゆる原子力に関わる活動を、国連常任理事国の拒否権さえ認めず、そのＩＡＤＡの独占的管理下におき、その一方で体制が有効に機能しはじめるまでのあいだという限定は付しながらではあるが、アメリカの核保有だけは認めるというものであった。事実上、アメリカによる核独占の恒久化を図ろうとするものであった。それはまさに、石原の描いた世界最終戦争後の理想の実現であった。

かかる「戦争論」にひきずられる形で日本は大東亜共栄圏構想を抱き、アメリカとの「人類最後の一大決勝戦」に臨み、負けてパクスアメリカーナに組み込まれたのである。逆にアメリカは勝って、パクスアメリカーナを構築したのである。

しかも興味深いのは、その「一大決勝戦」に関わった人びと（少なくとも日本人）にとっては、いずれかの国が超大国になって世界に「統一」をもたらせばいいのであって、自国の勝敗は二の次だったということである。石原は次のように述べている。

今は国と国との戦争は多く自分の国の利益のために戦うものと思っております。……私はそんな戦争を、かれこれ言っているのではありません。世界の決勝戦というのは、そんな利害だけの問題ではないのです。世界人類の本当に長い間の共通のあこがれであった世界の統一、永遠の平和を達成するには、なるべく戦争などという乱暴な、残忍なことをしないで、刃に衂《ちぬ》らずして、そういう時代の招来されることを熱望するのであり、それが、われわれの日夜の祈りであります。しかしどうも遺憾ながら人間は、あまりに不完全です。理屈のやり合いや道徳談義だけでは、この大事業は、やれないらしいのです。世界に残された最後の選手権を持つ者が、最も真面目に最も真剣に戦って、その勝負に勝って、その勝負によって初めて世界統一の指導原理が確立されるでしょう。だから数十年後に迎えなければならないと私たちが考えている戦争は、全人類の永遠の平和を実現するための、やむを得ない大犠牲であります。

われわれが仮にヨーロッパ組とか、あるいは米州の組と決勝戦をやることになっても、断じて、かれらを憎み、かれらと利害を争うのではありません。恐るべき残虐行為が行われるのですが、根本の精神は武道大会に両方の選士が出て来て一生懸命にやるのと同じことであります。人類の文明の帰着点は、われわれが全能力を発揮して正しく堂々と争うことによって、神の審判を受けるのです。

東洋人、特に日本人として絶えずこの気持を正しく持ち、いやしくも敵を侮辱するとか、敵を憎むとかいうことは絶対にやるべからざることで、敵を十分に尊敬し敬意を持って堂々と戦わなければなりません。*8

それは「両方の選士が出て来て一生懸命にやる」「武道大会」のようなものだ、と。ここに、戦うことへの義務感はあっても、自国の勝利への執着はない。かかる考え方に導かれて行われたところに、じつは第二次世界大戦の本質があった。それは積年の怨念を抱える者同士の戦いではなかった。大量破壊兵器を独占する超大国による世界支配とその下における恒久平和の実現という、共通の理想を掲げる者同士の、「世界最終戦論」というシナリオに導かれた、仕組まれた戦争であった。

だからそれは、広島・長崎の惨禍を見ることなしには終わらなかったのである。

そして結果は、第一次世界大戦集結後のヴェルサイユ体制とは真逆の、敗者に対して寛大な、復讐戦の可能性をいっさい残さない新たな世界システム、パクスアメリカーナの創出となって終わった。今なお日本のナショナリストが、改憲を叫んでも、反米は叫ばないところをみると、それがわかる。かくて第二次世界大戦後、世界は、ナショナリズムとナショナリズムの衝突がただちに世界戦争に発展しない体制の構築に成功したのである。

WHOの誕生

そしてその成功を背景に、さまざまな分野における国際協調の新たなシステムが簇生《そうせい》したのである。その一つが、公衆衛生分野における国際協調システム、WHOであった。国際連盟における安全保障上の対立に影響されて十分に活躍できなかったLNHOとは異なり、WHOは、

健康とは、完全な肉体的、精神的及び社会的福祉の状態であり、単に疾病又は病弱の存在しないことではない。到達しうる最高基準の健康を享有することは、人種、宗教、政治的信念又は経済的若しくは社会的条件の差別なしに万人の有する基本的権利の一つである。（WHO憲章）

との理念のもと、国連からも相対的に独立した組織として、第二次世界大戦後、世界の疾病・感染症対策に強いリーダーシップを発揮した。そしてスペイン風邪の流行のようなことが二度と起きない体制の構築に成功したのである。一九八〇年代初頭には、人類多年の悲願であった天然痘の撲滅にも成功している。

戦後国際協調体制の解体とグローバリズム

パクスアメリカーナの終焉とグローバリズムの帰結

では、なぜ今回のコロナ禍は起きたのか。以上述べてきたことを前提に、今回のコロナ禍をきっかけに起きたことを考えてみればいい。

コロナウイルスの発生源とWHOの指導権をめぐって、突如アメリカと中国が激しく衝突し、ついにはアメリカがWHOに対する拠出金を停止するという事態にまで発展した。では、その心は。アメリカの核独占を背景に、第二次世界大戦後形成された国際協調体制（パクスアメリカーナ）が、今や終焉《しゅうえん》の時を迎えつつあるということであった。ナショナリズムとナショナリズムの衝突が、下手《へた》をすれば世界的規模の紛争を惹起《じゃっき》する可能性が、再び生まれつつあるということであった。その水面下で進んでいる出来事の突然の発覚が第一の原因であった。

だからドイツのメルケル首相をはじめ世界中の指導者たちが、今回の事態に臨んでWTOを中心とした国際協調の回復を必死に訴えているのである。

ちなみに自由民主党的改憲派の改憲派らしからぬ実態が突然浮き彫りになったのも、同じことに起因していた。すでにみたように、満州事変以来一五年間の戦争を戦った日本の支配層に、日本が敗戦国となってパクスアメリカーナに「平和国家」として組み込まれることに対する不満はなかった。それこそ「世界最終戦論」の目標だったからである。だから彼らは国体との矛盾を感じることもなく、日本国憲法を受け容れたのである。

しかし、それをさすがに、犠牲となった三〇〇万人の戦没者の前で率直に語ることはできなかった。敗戦の正当化は、犠牲者に対する冒瀆《ぼうとく》につながるからであった。そこで彼らは、かたくなに憲法第九条を守ろうとする護憲派を敵役に仕立て、みずからを敗戦の雪辱を晴らそうとする改憲派に位置づける政治的トリックを発明したのである。しかし、そのようなトリックが成り立ったのも、パクスアメリカーナが安定しており、実際の「危機」がこの国を襲うことはないという安心感があればこそであった。しかし今や肝心のパクスアメリカーナが動揺し、実際の「危機」が、手を替え品を替えこの国を襲いはじめているのである。トリックの剝落がはじまったのである。

しかも、その国際協調体制の解体に、第一次世界大戦中の軍隊の移動に匹敵する出来事が重なった。世界経済のグローバル化であった。ナショナリズムの高まりとは裏腹に、冷戦の集結した一九九〇年頃から、とりわけ欧州連合（ＥＵ）の成立した一九九三年以降、世界中で国境の壁がどんどん低くなり、人・物・金が自由に世界を駆け巡るようになった。それが第一次世界大戦中の軍隊の移動同様の、感染症にとっては拡散しやすい環境を準備したのである。かくて今回のコロナ禍が起きたのである。

ポストコロナ時代への胎動

ならば今回のコロナ禍は、第二次世界大戦後のパクスアメリカーナに代わる新たな世界秩序の形成の起点となるはずである。その新たな世界秩序の形成をめざして、人も国家も激しく争う、葛藤の時代に入ったのである。

アメリカがアメリカ第一主義を掲げ、あらゆる国際協調システムの外部に立とうとするのもそのためである。第一次世界大戦後、アメリカは「孤立主義（モンロー主義）」の伝統を名目に、国際連盟の外に立ち、そうでありながらワシントン海軍軍縮会議を主宰するなど、フリーハンドをもって自国中心の世界秩序の形成に乗り出した。超大国への道を歩みはじめたのである。その故知に再び習おうとしているのである。

中国はコロナ禍から逸早《いちはや》く脱却し、その成功を背景に「一望監視型社会」のモデル化とその普遍化を図ろうとしている。香港や台湾の自由を極度に敵視しているのも、そのためである。

さらにいえば、一方向的なグローバリズムからの脱却も、今回のコロナ禍を機にはじまる。日本の国内にかぎっていえば、東京一極集中からの脱却がはじまる。ということは、世界や国家を数多くの「地方」に分かち、人がローカルに生きることの価値づけがはじまるということである。そこで振り返ってみておきたいのは、次の『聖書』の一文である。

彼らは東から移動して、シンアルの地に平地を見つけ、そこに住み着いた。彼らは互いに言った、「さあ、われらは煉瓦を作り、焼き上げよう」。彼らは石に代わり煉瓦を、漆喰に代わりアスファルトを得た。また言った、「さあ、全地の面に散ることがないように、われら自ら都市と頂きが天に届く塔を建て、われら自ら名を為そう」。ヤハウェは降りて行き、人の子らが建てた都市と塔とを見た。ヤハウェは言った、「みよ。彼らは皆一つの民、一つの言葉である。そして彼らのなし始めたことがこれなのだ。いまや、彼らがなそうと企てることで彼らに及ばないことは何もないであろう。さあ、われらは降りて行き、そこで、彼らの言語を混乱させてしまおう。そうすれば、彼らは互いの言語が聞き取れなくなるだろう」。

こうして、ヤハウェは彼らをそこから全地の面に散らした。彼らはその都市を建てることを止めた。それゆえ、その名をバベルと呼ぶ。ヤハウェがそこで全地の言語を混乱させたからである。[*9]

ここではヤハウェの神が行ったことになっているが、人には、言語や文化を変えることによって、世界や社会を細分化する力が宿っている。その力が、大小さまざまな局面で発揮される時代がはじまるのである。

かつてこの国には、仮名を発明し、発話言語を文字化することによって、国家の感情共同体化を図り、巨大な中華文明圏からの相対的自立を達成した経験がある。こうした過去が、反省も含め、再び振り返られる時代がやってくるのである。[*10]

むすびに

さて、グローバリズムに対するローカリズムの、東京一極集中に対する地方分権のベクトルを強化しようと思えば、確立しておかなくてはならない考え方が一つある。それは、経済における公的部門を今以上に肥大化させることを正当化する考え方である。

一九八〇年代のレーガノミクスの時代から数十年、世界を支配してきた新自由主義的なものの考え方においては、公的部門は限りなくゼロに近づけるのが正しいとされてきた。日本も例外ではなく、次々と公的部門の縮小が図られてきた。大規模な市町村合併が進められ、公立病院や学校の人口減少に伴う整理廃合が進められてきた。その結果、地方に若者の働く場所がなくなり、反比例的に東京一極集中が進んだ。気がついてみれば今回のコロナ禍に際して、必要なPCR検査をまともに行える保健所が、地方にはなくなっていた。

そのベクトルを逆転させようというのである。当然、地方に十分な数の公務員や医療スタッフや教員を配置することを正当化する論理が必要になる。

では、そのための考え方とは。結局、広義の社会主義ではないかと、私は思う。たしかにマルクス主義はその歴史的役割を終えて、消えていった。しかし、歴史上の社会主義はマルクス主義に限らない。社会主義にも多種多様な社会主義がある。多くの社会主義者たちはそれを拒むだろうが、目の前に存在し、空前の繁栄を謳歌《おうか》している中国社会主義もまた社会主義のひとつである。イギリス労働党の依拠してきたのも社会主義だし、一九三〇年代アメリカのニューディール政策を支えたのも、ケインズ流の――それをそう言っていいのであれば――社会主義であった。

コロナ禍は明らかに時代の転換を求めている。それはもしかしたら、社会主義を時代遅れとしてきたこの半世紀の常識、その転換をも求めているのかもしれない。

現代人の常識にとらわれない、より広い歴史の反省、それが今求められているのではないだろうか。

＊1　坂本太郎・家永三郎・井上光貞・大野晋『日本書紀』（一）岩波文庫、一九九四年、二七六頁。
＊2　小路田泰直「安倍改憲論の深層」中部大学『アリーナ』第二二号、二〇一九年一一月。
＊3　安田佳代『国際政治の中の国際保健事業―国際連盟保健機関から世界保健機関、ユニセフへ』ミネルヴァ書房、二〇一四年。
＊4　小路田泰直「二〇世紀と核―一九〇五年から二〇一一年へ」小路田泰直・岡田知弘・住友陽文・田中希生編『核の紀―日本原子力開発史』東京堂出版、二〇一六年。
＊5　石原莞爾『最終戦争論』経済往来社、一九七二年、二七―二八頁。
＊6　カーチス・ドール著・馬野周二訳『操られたルーズベルト―大統領に戦争を仕掛けさせたのは誰か』プレジデント社、一九九一年。マッド・アマノ『原発のカラクリ』アドレナライズ、二〇一三年。
＊7　村上麻佑子「日本におけるＴＶＡと原子力」小路田泰直・岡田知弘・住友陽文・田中希生編『核の世紀―日本原子力開発史』東京堂出版、二〇一六年。
＊8　前掲注5『最終戦争論』、五四―五五頁。
＊9　旧約聖書翻訳委員会訳『旧約聖書Ⅰ律法』岩波書店、二〇〇四年、二三―二四頁。
＊10　西村さとみ「唐風文化と国風文化」吉川真司『日本の時代史5平安京』吉川弘文館、二〇〇二年。長田明日華「仮名文学の誕生と『やまと』」小路田泰直・田中希生編『私の天皇論』東京堂出版、二〇二〇年。

第二章

新型コロナウイルス禍と惨事便乗型政治の失敗

岡田 知弘

はじめに

二〇二〇年一月、突然、新型コロナウイルス感染症（以下、「コロナ」と略す）が、中国から世界へと広がり、「パンデミック」といわれる状況に立ち至った。感染者数は、八月二八日時点で、二四〇〇万人を超えた。その感染の中心地も中国からヨーロッパに移り、今やアメリカ、ブラジルを中心とした南アメリカ、そしてインドをはじめとするアジア諸国で感染爆発が続き、死亡者数は八四万人あまりに達している。

日本でも、四月の緊急事態宣言発出以降は減少していた新規感染者数が、宣言および移動自粛要請の解除によって、六月下旬以降再び急増した。国内でのコロナ感染症の感染確認者数は、八月二八日時点で、累計六万五〇〇〇人あまり、死亡者は一二五四人となっている。

この間、安倍晋三内閣は、緊急事態宣言条項を盛り込んだ「新型インフルエンザ等対策特別措置法」の改正にこだわり、四月七日に緊急事態宣言を七都府県に発令した。さらに同一六日には、六道府県を特定警戒地域に追加指定するとともに、全国を対象に緊急事態宣言を発出するに至った。

五月の連休明けとともに、新規感染確認者数が減少傾向をたどるなかで宣言解除の声が高まり、大阪府知事らによる「出口戦略」競争の結果、五月二五日にはすべての地域で解除されることになった。

さらに、六月一九日には県間移動自粛要請の解除もなされたが、それ以降再び感染者数が急増し、七月下旬以降、過去最高を更新するに至っている。

この半年のあいだ、私たちは、感染者の急拡大期、緊急事態宣言発令期、そして同宣言の解除以降の再拡大期という三段階を経験した。一方、秋から冬にかけて世界的規模での感染拡大の第二波が襲う可能性が強いと言われている。したがって、この間の、政府や地方自治体の対応策を検証するとともに、疲弊した地域経済、社会の再生を図っていくことが必要となっている。本章では、地方自治と地域の視点から、コロナ禍をどうとらえ、いかに立ち向かい、どのような地域社会を展望すべきかについて、私論を述べてみたいと思う。

コロナ禍をどうみるか

戦争か災害か

コロナが全世界に広がるなかで、感染症に対する各国の為政者の姿勢の違いが明確になった。米国のトランプ大統領は、明確に「戦争」であると表現し、みずからを戦時下の大統領であるとして、トップダウン的な政策運営と、WHOと中国への非難を強めている。

安倍首相も、東京オリンピック延期を決めた際に、「人類が感染症に打ち勝った証し」という表現を使ったように、「戦い」としてとらえていた。トップダウン的な緊急事態宣言や、戦時下の統制と同様の「補償なき自粛要請」に固執した理由もそこにあるといえる。

しかし、他方で、ウイルス感染症は、「戦争」ではなく「災害」であるという見方がある。この考え方は、防災学や感染症学の世界では、なかば常識とされてきている。たとえば、防災学の標準的テキストといわれているベン・ワイズナーほか『防災学原論』[*1]では、生物起源によるバイオハザードも、自然災害のひとつとしてとらえている。つまり、ウイルス感染症は、生物起源による人の命や健康の大規模な棄損なので、「自然災害」のひとつととらえることができるのである。

地震、津波、風水害は、ある特定地域に限定した物的環境の破壊という形で発災し、非被災地からの支援も可能である。ところが、感染症は目に見えない形で、人の移動を介して国内外を問わず、あらゆる地域を短期間に感染症被災地にしてしまう。そうなると、国だけでなく、地方自治体とその主権者である国民・住民の役割が大きくクローズアップされることになる。

また、「自然災害」は、自然の変異が人間社会と接触するところで起きるため、自然現象のみによる災害はありえず、必ず社会的側面を有する。したがって、被災時の政策対応だけでなく、その後のケア、生活・営業再建をどうするかという事後対応が重要になる。しかも、どんな災害をみても、社会的弱者ほど被害は深刻である。避難や復興、あるいは感染防止策が被災者や住民を苦しめることになると、「人災」とか「政策災害」と呼ばれるのである。

災害としてのコロナ禍

では、この災害としてのウイルス感染症への対応主体は、誰だろうか。国が前面に立っているようにみえるが、感染するのは一人ひとりの住民であり、発生する現場は個々の地域である。したがって、感染症対策では、個々の地域に住む個人、家族、そして企業や協同組合、ＮＰＯなどが、その主体とならなければならない。だが、個々の主体では解決できない地域共通の問題を公権力や財源を用いて解決できる主体は、まずは市区町村しかない。それをより広域的、専門的に補完する自治体が都道府県である。国は、本来、国境措置やＷＨＯとの連携などの外交的対応とともに、防疫・医療体制、ワクチン開発などについて最終責任を負うこととあわせて、現場の地方自治体におけるコロナ対策の執行を行財政面から支え、保障する役割を果たすべき存在である。

しかし、地方自治体や国は、それを担う公務員や公共サービス労働者がいなければ、公的な役割を果たせない。問題は、現在、国や地方自治体が、このようなコロナ禍に十分な対応力をもっているのか、またその政策姿勢や政策内容が妥当かどうか、という点にある。対応力をもっていないとすれば、その原因をみつけ、それを解決することにより、打開への道筋を見いだす必要がある。

多くの感染症研究者が警告しているように、グローバル化が進行し、人とモノの移動が大量・高速になされるなかで新型感染症（インフルエンザ）は、今後もたびたび地球全体を襲うと考えられる。[*2] だとすれば、狭い意味での「自然災害」に備えるだけでなく、新型感染症についても、国民の幸福追求権、生存権、そして財産権を保障する憲法の視点から、今回の事態を教訓化しながら「事前復興」のための備えをつくっていくことが求められているといえよう。

安倍政権の新型コロナウイルス感染症対策の失敗

目立つ日本の公衆衛生・感染症医療行政の立ち遅れ

新型コロナウイルスが国境を越えて蔓延《まんえん》するなかで、各国の防疫政策とその帰結、さらに国のトップの政策判断の仕方、緊急経済対策のあり方、それらが展開される基礎にある既存の医療・福祉・中小企業・文化支援制度の水準の違い、また民主主義や地方自治の質的な差異も、国際比較可能な形で一気に明らかとなった。

とりわけ、日本の公衆衛生、感染症医療体制の脆弱《ぜいじゃく》さと、地域の産業や雇用、人びとの暮らしを守ることができない貧しい政策水準が、白日の下に露《あら》わになったといえる。

この大災害に際して、前述したように、安倍政権は「コロナとの闘い」を「戦争」と見なし、緊急事態宣言を盛り込んだ「新型インフルエンザ等対策特別措置法」の成立を最優先し、ＰＣＲ検査や医療体制の整備を怠った。

当初からクラスター対策に力点をおき、検査数の増大が陽性者数の増加、さらに医療崩壊をもたらすという説明の仕方もして、ＰＣＲ検査の抑制を図ったのである。その過程で、国民から強い批判の声

表1　国別PCR検査数・陽性者数・死亡数

国名	2020年7月末時点 検査数	陽性者数	死亡数	構成比 陽性者数	死亡数	人口千人当り検査数	データ月日	陽性比率	死亡率
	a	b	c					b/a	c/b
アメリカ	55,372,983	4,495,014	152,070	26.0%	22.6%	167.3	7月31日	8.1%	3.4%
ブラジル	2,536,552	2,118,646	80,120	12.2%	11.9%	11.9	7月21日	83.5%	3.8%
インド	18,832,970	1,638,870	35,747	9.5%	5.3%	13.6	7月31日	8.7%	2.2%
イギリス	9,562,383	302,301	41,169	1.7%	6.1%	140.9	7月31日	3.2%	13.6%
ドイツ	8,006,135	208,698	9,141	1.2%	1.4%	95.6	7月26日	2.6%	4.4%
韓国	1,545,466	14,305	301	0.1%	0.0%	30.1	7月31日	0.9%	2.1%
日本	1,091,499	33,774	1,005	0.2%	0.1%	8.6	7月30日	3.1%	3.0%
全世界	-	17,301,547	673,292	100.0%	100.0%	-		-	3.9%

資料：https://ourworldindata.org/coronavirus

があがり、安倍首相は、三月一四日の記者会見で、三月末までにPCR検査能力を一日八〇〇〇件にすると公約、さらに四月には二万件を目標にするとした。八月二〇日時点での最大検査能力は、五万五〇〇〇件余に達しているが、そのうち四三%は民間検査会社が担っており、各都道府県の地方衛生研究所・保健所の検査能力は、全体の一八%にあたる一万件余に留まっている。実際に行われた検査数は、その能力を下回っており、八月六日に、三万一八六三件を記録したが、うち五七%が民間検査会社によるものであった（厚生労働省「国内における新型コロナウイルスに係るPCR検査の実施状況」二〇二〇年八月二二日時点）。

日本の累積件数については増えてきているものの、国際比較するとその立ち遅れは際立っている。表1によると、七月末日時点での人口一〇〇〇人当り検査数（累積）を比較すると、米国一六七・三件、イギリス一四〇・九件、韓国三〇・一件、インド一三・六件に対して、日本はわずか八・六件に過ぎないのである。また、陽性比率も、三・一%となっており、韓国はもちろんのことドイツをも上回っていた。死亡率も、決して低くはない。アメリカやブラジルと並ぶ三%台になっているのである。

日本国憲法では、第二五条第二項で「国は、すべての生活部面について、社会福祉、社会保障及び公衆衛生の向上及び増進に努めなければならない」としている。その公衆衛生を担当してきたのが、各地方自治体におかれた保健所であった。公衆衛生分野では、一九九四年の地域保健法の制定と小泉構造改革のなかで、保健所の数も機能も、大きく減少・弱体化していった。「社会保障統計年報データベース」によると、全国の保健所数は、一九九七年の七〇六か所から二〇一六年の四八〇か所に大きく減少し、保健所に配置されている医師数も一一七三人から七二八人に、そして臨床検査技師数も一三五三人から七四六人に削減されたのである。これらは、「平成の大合併」とあわせて「三位一体の改革」がなされ、それらとともに遂行された地方行政改革の帰結であるといってよい。

なお、「大阪モデル」ということで一時もてはやされた大阪府では、より深刻な事態となっていた。維新の会の政策によって府立公衆衛生研究所と市立環境科学研究所が統合され、いっそう検査能力が落ちてしまっていた。この間、橋下徹元知事自身が「僕が今更言うのもおかしいところですが、大阪府知事時代、大阪市長時代に徹底的な改革を断行し、有事の今、現場を疲弊させているところがあると思います。保健所、府立市立病院など。そこは、お手数をおかけしますが見直しをよろしくお願いします」としたうえで、「有事の際の切り替えプランを用意していなかったことは考えが足りませんでした」と、四月三日のツイッターで臆面もなく書いているのである。

感染症病床や医療スタッフ不足のもう一つの背景が、厚生労働省による公的病院の再編統合策や公的医療費抑制策である。前者によって、地方の公立・公的病院では医療スタッフが流出し、現場対応に支障をきたしたという。また、後者のために、感染者の受け入れを拒否する病院・診療所が増えたり、経営が立ち行かなくなる病院・診療所が増加する事態になっている。

「効率」優先の政策が、公的病院の感染症病床を減らしてしまったことは大きな問題である。医療従事者が安心して働くことができ、医療経営の危機を解消し、将来の新型感染症などに対応するためにも、国が病院の「選択と集中」政策をただちに撤回し、医療スタッフ面でも病床面、医療資材面でも、余裕のある病院・医療政策に転じることが求められている。

惨事便乗型政治の破綻

足元に以上のような脆弱な公衆衛生・公的医療現場の問題があり、他方で隣国の韓国や台湾での感染症対策の成功例があるにもかかわらず、安倍政権はトップダウン的な「封鎖」政策を、遂行した。その際、すでに欧州各国で開始されていた手厚い補償や中小企業・雇用支援、文化支援策から学ぼうともせず、補償なき「自粛」と「休業要請」を強いたわけである。

加えて、非常事態条項を盛り込む憲法改正論議を露骨に進めようとして国民からの批判を浴びると、突然、学校の全国一律休校を文科省や地方自治体との調整もせずに発表する。四月に入ってからは、二次にわたって緊急事態宣言を発表、一世帯当たり二枚の布マスク（アベノマスク）の全戸配布を唐突に発表する。後者については、多額の予算を投入したが、不良品が多かったため回収騒ぎが起こり、六月下旬に入っても日本郵政への配達委託作業が完了しないという事態に陥る。にもかかわらず、政府は、八月以降、単価が高く防疫効果のない布製アベノマスク配布を、介護施設などに対してさらに八〇〇〇万枚追加配布しようとした。これに対しても、国民から猛烈な批判が起こり、安倍政権は、いっせい配布を断念し、希望施設以外の分は備蓄に回す方向に急遽変更するに至った。

しかも、個人向けの定額給付金も、直前に方針転換し、その事務委託費をめぐる特定企業との癒着も問題となる。さらに、補正予算において、厚生労働省予算六六九五億円のじつに二・五倍にあたる一・七兆円を経済産業省の「Go To キャンペーン」に充て、しかも感染拡大局面において前倒しで強硬しようとして、国民だけでなく地方の自治体関係者や宿泊業者のなかからも強い反発の声があがる。結果、直前に東京都を対象から外すという方針転換を行い、さらに混乱を助長する失態を重ねている。

いずれにせよ、国民の命の危険と生活の不安にまったく向き合おうとせず、むしろ一部企業の儲けだけを保障する惨事便乗型の安倍政権の政策運営のひどさが際立った。加えて、ドイツのメルケル首相による懇切丁寧で、かつ科学的根拠を伴う記者会見に対して、安倍首相の記者会見のひどさは誰もが指摘するところであり、それは政策内容においても彼我の差を生み出している。

　安倍政権の施策の多くが、感染状態や国・地方自治体の保健・医療体制の科学的な検証からではなく、「忖度《そんたく》」官僚の思い付きと「お友達」企業への発注によって行っているところに、政権固有の特徴がある。とりわけ、通常国会において、「官邸の守護神」といわれた黒川弘務東京高等検察庁検事長の定年延長と検事総長就任への道を開く検察庁法改正案、財界からの要望が強かったスーパーシティ構想を実現するための国家戦略特区法改正案、九月入学制度導入など、文字どおり「不要不急」の法律制定を急いだ政治姿勢は、異様としかいいようがないものであった。

　二〇二〇年八月二八日、歴代最長の在職日数を更新したばかりの安倍首相は、「持病悪化」を理由に、辞任を表明した。コロナ禍に対する政府および安倍首相の対応への国民からの批判が高まるなかでの辞任であった。後継の菅義偉首相が、これまでの惨事便乗型政治からの転換を図るどうか、注目されるところである。

新型コロナウイルス感染症被害の実相

人的な健康被害の拡大と地域的不均等

ここで、七月末までの新型コロナウイルス感染症被害の実相を、人間への健康被害と社会経済的被害に分けて概観してみよう。

まず、ＰＣＲ検査などで陽性と判定された感染確認者（以下、感染者と略す）の推移を、図1によって韓国と比較する。日本では、四月からの緊急事態宣言のもとで、全国的に厳しい活動自粛が要請され、接触機会が大幅に減少した結果、五月下旬には感染者の確認数は三日平均で二〇人台まで減少し、五月二五日には、宣言が解除される。ところが、六月一九日に県間移動自粛要請も解除されて以降、感染者数は増加傾向をたどり、七月末には一〇〇〇人台を超えるようになる。この感染者数の動向を、韓国と比較するならば、両者に大きな隔たりがあることがわかる。

韓国においては、第一波では特定宗教施設において感染者が爆発的に増加したが、過去の感染症対策の失敗から学び、徹底的な検査と情報公開、そしてドライブスルー方式のＰＣＲ検査など民間技術の活用によって、それ以後感染者数を抑えることに成功したばかりか、死亡者数もきわめて少ない水準に抑制してきている。安倍首相は、日本での四月時点における抑え込みと死亡率の低さを「日本モデル」と自賛したが、死亡者数・死亡率とも、じつはそれほど低いわけではない。むしろ、その後の対応策のまずさが、七月に入ってからの感染再拡大につながっているといえる。

次に、日本国内における感染状況を、表2によって、一月一五日から五月二九日までの第一期と五月三〇日から七月三一日までの第二期に分けて地域別に示してみた。この表からは、なによりも東京都での陽性者数の構成比が、第一期から第二期にかけて三〇%から四〇%台へと高まり、人口の構成比の一〇%台を大きく上回っていることがわかる。また、大阪府や福岡県も人口比を上回る陽性者構成比となっていることが確認できる。

第二に、死亡者の構成比は、首都圏三県がもっとも高く、これに東京都を加えると、一期よりも二期において増えており、合計六割を超える。やはり、東京都を中心とした首都圏に被害が集中している「大都市型災害」であるといえる。

第三に死亡率をみると、病院や介護施設でクラスターが発生した北海道で、第二期を含めて高くなっている。ただし、感染者数の増加の次に重症化の波がやってくる可能性が高く、第二期の動向についてはいまだ予断を許さない。

図1　日本と韓国の新型コロナウイルス感染者数と死亡者の推移(3日平均)

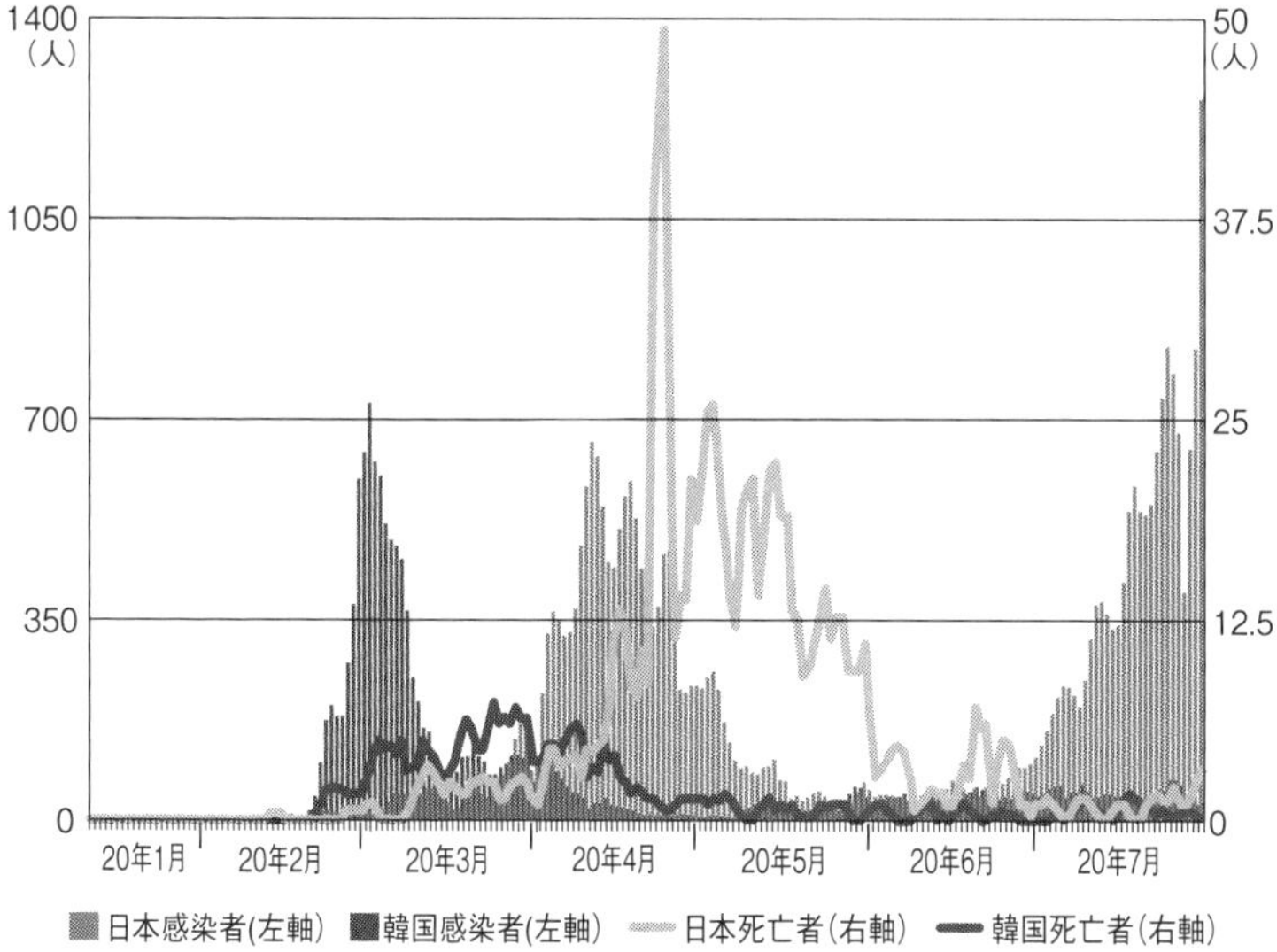

資料：オックスフォード大学のOur World in Dataによる。

表2　新型コロナウイルス陽性者数の推移

	陽性者数実数		陽性者数構成比		死亡者数実数		死亡者数構成比		死亡率(対陽性者数)		人口構成比
	第1期	第2期	第1期	第2期	第1期	第2期	第1期	第2期	第1期	第2期	1月1日
全国計	16,458	18,626	100.0%	100.0%	886	124	100.0%	100.0%	5.38%	0.67%	100.0%
特定13都道府県	14,229	16,598	86.5%	89.1%	804	120	90.7%	96.8%	5.65%	0.72%	61.0%
北海道	1,078	335	6.6%	1.8%	86	17	9.7%	13.7%	7.98%	5.07%	4.2%
一次指定7都府県	11,670	14,445	70.9%	77.6%	626	96	70.7%	77.4%	5.36%	0.66%	44.1%
東京都	5,217	7,474	31.7%	40.1%	302	30	34.1%	24.2%	5.79%	0.40%	10.8%
首都圏3県計	3,269	3,184	19.9%	17.1%	175	47	19.8%	37.9%	5.35%	1.48%	18.0%
大阪府	1,782	2,275	10.8%	12.2%	82	8	9.3%	6.5%	4.60%	0.35%	6.9%
兵庫県	699	459	4.2%	2.5%	41	4	4.6%	3.2%	5.87%	0.87%	4.4%
福岡県	703	1,053	4.3%	5.7%	26	7	2.9%	5.6%	3.70%	0.66%	4.0%
非特定34県	2,229	2,028	13.5%	10.9%	82	4	9.3%	3.2%	3.68%	0.20%	39.0%

資料：厚生労働省発表データ。

注1）第1期は1月15日から5月29日までの累積値。第2期は5月30日から7月31日までの累積値。

注2）特定13都道府県は、4月7日の緊急事態宣言において一次指定を受けた埼玉県、千葉県、東京都、神奈川県、大阪府、兵庫県及び福岡県に、北海道、茨城県、石川県、岐阜県、愛知県、京都府を加えた地域を指す。

社会経済的な被害

一方、「補償なき自粛」が長期にわたって続いたことによる実体経済への影響が、顕在化しつつある。総務省の「労働力調査」では、四月に対前年同月比四二〇万人増の休業者が出た。うち雇用者が三六九万人増であったが、そのなかでも非正規雇用が二四〇万人を占めている。また、自営業者も四八万人が休業を強いられたと推計されている。五月以降、この数字は減少してきているが、六月時点でも対前年同月比で九〇万人の人たちが休業を余儀なくされているのである。

四月時点での休業者のすべてが仕事に復帰できているわけではなく、解雇や廃業・倒産によって生活困難になった人たちが増えてきているといえる。六月の「労働力調査」結果によると、就業者総数は対前年同月に比べ七七万人も減少しているが、その内訳をみると、雇用者が対前年同月比で九四万人減少、なかでも非正規雇用は一〇四万人も減少している。業種別にみると、「宿泊業・飲食サービス業」「建設業」「生活関連サービス業・娯楽業」などでの減少が大きくなっている。また、完全失業者数は一九五万人となり、対前年同月比で三三万人の増加となっているのである。増加傾向は、五か月連続である。

一方、厚生労働省が各都道府県の労働局を通して集計している「新型コロナウイルス感染症に起因する雇用への影響に関する情報について」をみると、七月二二日時点でコロナ禍によって雇用調整の可能性がある事業所数は七万三八五事業所、解雇等見込み労働者数は三万九〇五九人と報告されている。これは、ハローワークに相談があった事例だけを集計したものであり、かなり過少な数字であると考えられる。

なお、コロナ関連倒産件数は、帝国データバンクの調査によってある程度わかる。八月三日時点で、全国で四〇六社が倒産している。業種別上位は「飲食店」（五六件）、「ホテル・旅館」（四八件）、「食品卸」（二七件）、「アパレル・雑貨小売店」（二五件）、「建設」（二一件）、「食品製造」（一九件）などとなっており、観光や飲食、買い物自粛による倒産が多くなっている。都道府県別にみると、東京都が九七件でもっとも多く、以下、大阪府の四二件、北海道の二三件、兵庫県および愛知県の二〇件が続き、やはり大都市部での倒産が目立っている。ただし、今後、資金繰りに苦しむ中小企業の倒産が激増する可能性が高まっているとの指摘もある。

問い直される「公共」および地方自治体の役割

問い直される「公共」の役割

ここまで、安倍政権による中央集権的なコロナ対策とその失敗の要因および感染症被害の地域的不均等性について述べてきた。このことは、世界各国で共通している問題でもある。

一九八〇年代後半以降、イギリスのサッチャー政権、アメリカのレーガン政権、そして日本の中曽根政権に代表されるように、それまでの「福祉国家」的な行財政の仕組みを、規制緩和の導入によって解体し、市場化を図る「新自由主義的改革」が各国で推進された。この結果、どの国でも程度の差はあれ、医療や福祉をめぐる公共サービスや社会保障の弱体化が進行していた。新型コロナウイルス感染症は、新自由主義的改革によって社会がバラバラにされた国々を襲った。すでに表1で示したように、最大の感染者と死亡者を出しているアメリカやブラジルでは、今も新自由主義を標榜《ひょうぼう》する大統領が政権を握っていることが、一つの象徴であるといえる。

そのような新自由主義の〝元祖〟といわれるイギリスで、コロナに感染したジョンソン首相が退院後に、「社会は存在する」と発言したことが注目される。彼の師匠ともいえるサッチャー首相が「社会は存在しない」と、市場原理に任せて公的医療サービスなどを切り捨ててきたからである。

つまり、コロナ禍のなかで、公衆衛生や医療をはじめとする「公共」の役割の大切さが国際的に再認識されているといえる。日本でも必要なのは、もっぱら自己責任を求める「新しい生活様式」ではなく、「公共」の役割を重視する「新しい政治・経済・社会のあり方」であるといってよい。そして、なによりも住民の感染防止と命を守るために、公共の責任を全うすることである。行き過ぎた行財政改革を根本的に見直し、公立・公的病院の再編計画を即時に中止し、地域の公衆衛生・医療体制を整えなければならない。併せて住民の暮らしを支えるための産業、福祉政策も、地域の個性に合わせて地方自治体が中心になって、立案・実行すべき時であるといえる。

惨事便乗型首長と思考停止型首長の出現

こうして、本来「住民の福祉の向上」（地方自治法）をめざすことを最大の責務としている地方自治体の役割が、俄然《がぜん》注目されることになった。新型インフルエンザ等対策特措法においては、各知事に大きな権限と責任を与えたこともあり、知事のあいだに対応の差が目立っていった。

とりわけ、ポピュリズム的な首長がマスコミに頻出して、混乱に拍車をかけた。小池百合子東京都知事は、オリンピックと知事再選を最優先し、感染症対策は二の次であった。東京アラートの設定と解除も恣意的で、七月以降の感染再拡大に対しては無策であるといってよい。また、緊急事態宣言解除をめざしていち早く「大阪モデル」を打ち出した大阪府の吉村洋文知事の政策手法も問題であった。現に、三つの基準そのものには科学的根拠が薄い、と府の専門家会議の座長が語っていたのである。解除後、「大阪都構想」に関する住民投票の年内実施を表明したように、ここでも惨事便乗型政治をみることができる。

小池東京都知事や吉村大阪府知事は、経済界からの「経済活動再開」要求と、みずからの知事選再選、大阪都構想の住民投票実現をめざすという政治的利害もあり、「大阪モデル」「東京アラート」といった恣意的指標をもとに、活動規制の緩和を急いだといえる。ところが、それが、七月以降の感染再拡大につながっていったわけである。

他方、財源が比較的潤沢にある東京都や大阪府では、休業補償への協力金などを独自の財源を使いながら制度化することができたが、財政事情が厳しい地方の各府県では、それぞれの財政事情に対応した支援策しか制度化できなかった。これは、本来、ヨーロッパ諸国のように、国が責任をもって財源負担をすべきことであるが、安倍政権はそれを拒否し続けている。これが、地域経済ばかりか地方財政の危機を拡大しているといえる。

また、政治姿勢として、足元の地域の現場をみるのではなく、国や近隣自治体の動向を待って、みずからの自治体の政策決定を行う「思考停止型」首長といってもいい知事も残念ながら多数生まれた。

コロナ禍のなかで、改めて「公共」や地方自治体の存在意義だけでなく、住民の危機的状況下での首長の役割が問われているといえる。

惨事便乗型地方制度改革の野望

コロナ禍のなかで、地方自治制度をめぐって重大な改革が進行しようとしている点にも、留意する必要がある。念頭にあるのは、六月二六日に安倍首相に渡された第三二次地方制度調査会答申（以下、「地制調答申」と略す）である。新聞・テレビの報道では、総務省の研究会が提言した「自治体戦略二〇四〇構想」（以下、「二〇四〇構想」と略す）に記載されていた「圏域行政」の法制化が見送られたという見出しが目立ったが、これは甘い見方だといえる。答申文を読むと、「公共サービスの産業化」などを進めることで「圏域行政」を推進するという「二〇四〇構想」の考え方を踏襲する文章が至る所にあるからだ。

前述したような東京圏へのコロナ感染者の集中は、東京をグローバル都市圏に育成しようとした安倍政権の「地方創生政策」の破綻を示すものである。第一期の地方創生総合戦略によって、人口の東京への一極集中はむしろ進行した。コロナ禍が提起した問題点の検証や地方創生の総括なしに、地制調答申がまとめられたことが大きな問題であるといえる。

デジタル化や広域連携などについては、「二〇四〇構想」の具体化としてすでに開始されている点や、今後も法制化以外の手法による具体化が予想される点に、十分留意する必要がある。デジタルファースト法制定とマイナンバーカードの普及促進、総務省による自治体の業務プロセス・システムの標準化およびＡＩ・ロボティクスの活用促進（「スマート自治体」づくり）、国土交通省による「スマートシティ」モデル事業、内閣府による「ＳＤＧｓ未来都市及び自治体ＳＤＧｓモデル事業」、国家戦略特区法改正を受けた「スーパーシティ構想」の具体化など、個々の自治体や地域ごとでの動きが今後加速すると考えられる。

一方、自治体だけでなく、日本の経済や社会のあり方全体を変える「ポストコロナ」戦略が、政府の経済財政諮問会議による「骨太方針二〇二〇」として決定された（七月一七日）。同方針策定の下敷きになったのが、経済財政諮問会議の民間四議員（財界代表者などで構成）からの提案であった（六月二二日）。そこでは、公衆衛生・医療・地方行政の領域におけるデジタル化推進を「デジタル・ニューディール」の名のもとで行うことや、テレワークの導入による多角連携型経済社会の構築（受け皿としての地方の政令市、中核市育成とスマートシティづくり）、首都圏・関西圏での広域的行政サービスの展開を挙げていた。また、国と地方自治体とのデータ統合とマイナンバーカードの普及加速化を強く主張する一方、「経済・財政一体改革」方針を堅持するとともに、「資源配分にメリハリ」をつけるべきだと注文もしていた。その多くが「骨太方針二〇二〇」に盛り込まれたのである。

要は、コロナ禍を奇貨として、さらなる経済成長を図るために「デジタル・ニューディール」を推し進めるということである。この点は、経済財政諮問会議に先立って、市川地制調会長が副代表幹事を務める経済同友会が提案した「新型コロナウイルス問題に対する中長期的な対応方針についての意見」（六月一六日）に沿うものである。同意見書においては、さらなるデジタル化の追求による経済成長と民間企業の活用を強く求めていたのである。

かつて、市町村合併が推進されていたころ、経済同友会は「基礎自治体強化による地域の自立」（二〇〇六年）という提言を出している。そこでは、「親会社【国】への依存体質から脱却し、子会社【自治体】の自助努力による徹底したコスト削減【歳出削減】！」と記述されていた。国と地方自治体の関係を、大企業の論理でしかみない思想は、今も続いているようである。自治体は、国の子会社ではない。そして国と自治体の主権者は、国民であり住民である。とりわけ災禍にあたっての国や地方自治体の最大の責務は、主権者の基本的人権、幸福追求権、財産権を守り、住民の福祉の向上を図ることにある。これこそ憲法の理念である。

それを否定し、国や地方自治体を自分たちの企業の「儲ける力」をつけるために私的に活用し、「公共」の役割を否定・削減してきことで、今回のコロナ禍の「政策災害」化が加速したのである。答申内容は、まさに「惨事便乗型地方制度改革」といえよう。

今後、個々の地域と自治体で、公共サービスのあり方や業務内容の「改善」をめぐって私的資本にとって「儲かる自治体づくり」か、住民の福祉の向上か、をめぐる対立が顕在化する可能性が強い。住民一人ひとりの生活と地域全体の福祉の向上をめざす運動の高まりが強く求められている。

地方自治と地域経済をめぐる展望と地域の自治力

足元の地域の実態に即した地方自治の必要性

すでに述べたように、感染症被害にも地域性がある。それは、人間の健康に対する直接被害と、社会経済への被害の二つからなる。日本列島上での東京一極集中という現象だけでなく、同一都道府県内での感染症も地域的不均等性をもって現われる。

たとえば、図2は、二〇二〇年七月末日時点での新潟県内の市町村別陽性者の分布である。新潟県の場合には、政令市である新潟市内に七三％の陽性者が集中しているのである。逆に、陽性者が一人も出ていない市町村は半数近くに及ぶ。にもかかわらず、広い県内で一律的な感染症対策を講じることは、とても科学的な対策とはいえないだろう。

また、このような県内基礎自治体別の不均等性があるとすれば、感染症への対応の主体も、地域経済再生の主体も明確となる。そもそも感染するのは一人ひとりの住民であり、発生する現場は個々の地域の現場である。したがって、感染症対策では、個々の基礎自治体に住む個人、家族、そして企業や協同組合、ＮＰＯなどが、その主体となるのは理の当然である。これらの主体と連携して、感染症の

図2　新潟県内の市町村別陽性者数(2020年7月31日時点)

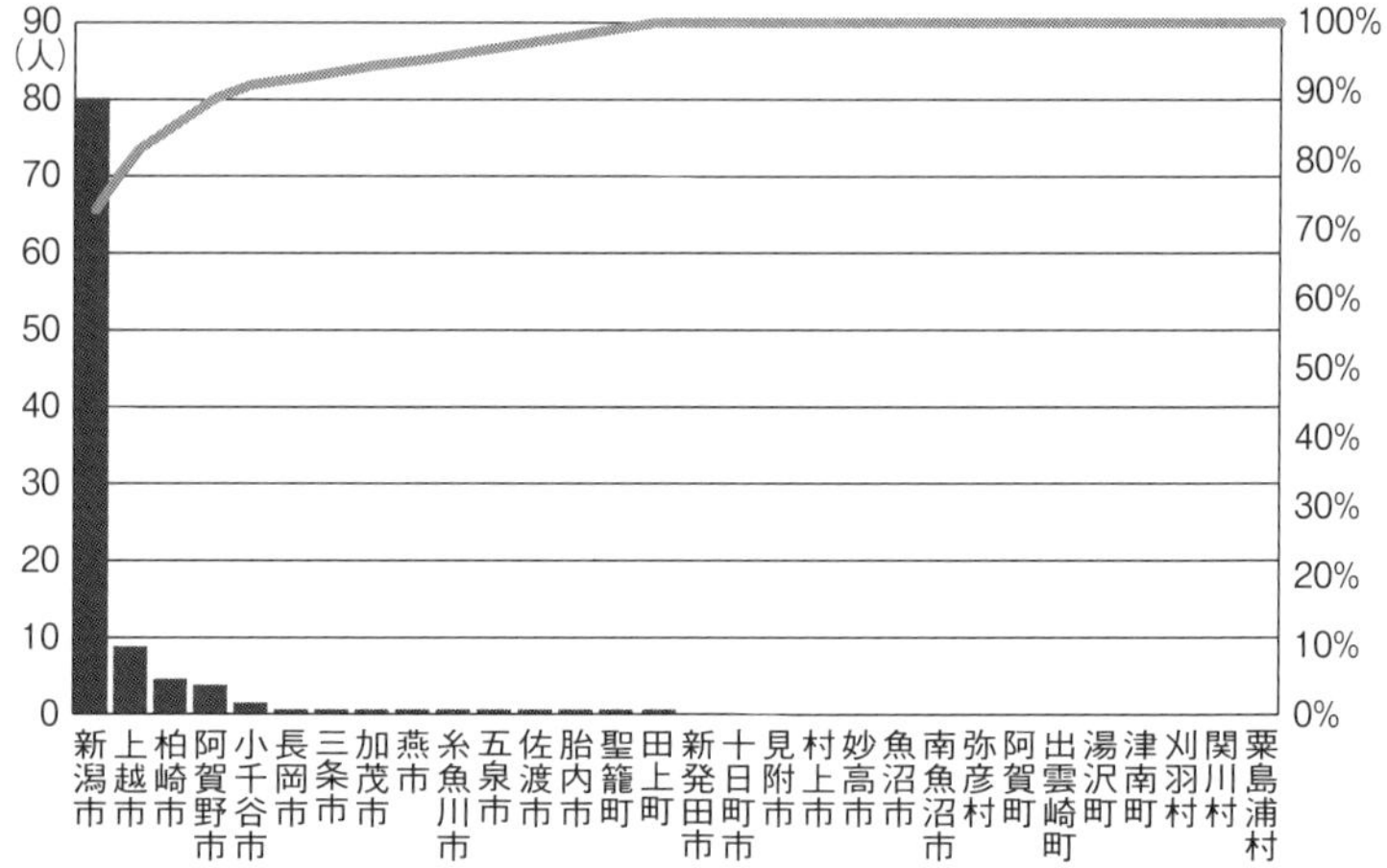

資料：新潟県ホームページ掲載の陽性者一覧から作成。

被害の程度や産業の衰退状況に応じて、地域共通の問題である公衆衛生や医療福祉のインフラ、そして地域産業の持続性を、法的権限や財源を用いて解決する役割を担うのが市町村である。

さらに、政令市である新潟市の場合は、区役所別の対応も必要である。その場合、区単位での公衆衛生機能や地域産業政策を行える地域自治組織制度の確立が必要不可欠であるといえる。

これら、基礎自治体の行政運営を、人的・物的・財政的側面で補完するのが都道府県の役割である。国は、憲法で定められた、公衆衛生を含む国民の生存権や幸福追求権、財産権を守るために、余計なことはせずに、国際的な防疫体制の強化と、自治体の財源保障に徹するべきなのである。

そのための第一歩は、市町村と都道府県が、地域の足元の感染状況だけでなく、住民の営業とくらし、教育や文化に関わる問題状況を調査によって把握し、住民に情報公開することである。感染者の地域分布が韓国のように詳細に明らかになれば、人びとは感染リスクを避ける行動をとるし、てこ入れが必要な産業や地域が明確になれば、支援制度や財源の具体的な枠組みもつくりやすくなる。

このような自治体行政のあり方に転換するために、京都自治体問題研究所が中心となって、六月に「新型コロナウイルス禍から住民の命とくらしをまもる京都フォーラム」を立ち上げ、地域経済、雇用、地方財政などの専門家による情報発信と各運動団体などとの連携を開始した。また、京都府職労連が中心となり、自主的に商店街の実態調査に取り組み、その内容を行政担当者に伝える取組みも展開している。

このような自主的な運動による世論の広がりこそが、危機を打開する大きな力になるといえる。

自律的な地方自治体の登場

コロナ禍のもとで、国による中央集権的な地方制度改革の野望に対して、住民の命とくらしを守る独自の施策を打ち出す自治体が生まれたことも、今後の地方自治のあり方を展望するうえで、重要な点である。たとえば、和歌山県では、早い時期に湯浅町の病院で感染者が出た。医療スタッフや患者、住民の不安を払しょくするために、仁坂吉伸知事が先頭に立って、当時の厚生労働省のＰＣＲ検査抑制方針に従わず、徹底的な検査を行った。その結果、この院内感染を封じ込め、その後の感染者の拡大を抑制してきている。また、九〇万人あまりの人口を擁する世田谷区の保坂展人区長は、医師会や大学との連携で、「誰でも いつでも 何度でも」を目標にした大規模ＰＣＲ検査体制の構築を図ると表明している。

他方、一人一〇万円の特別定額給付金の給付実態をみると、大規模政令市ほど遅く、「小さくても輝く自治体フォーラム」に参加しているような小規模自治体ほど早いという結果が出ている。各種給付金の給付の遅れは、地制調や経済財政諮問会議がいうようなデジタル化の遅れやマイナンバーカードの未活用によるものではなく、市町村合併などによってあまりにも大きな基礎自治体をつくり、かつそこで働く公務員を大幅に削減し、業務については何重もの下請け構造をもった企業に委託することから生じていることである。コロナ禍は、右のようなこの間の地方自治制度改革や三位一体の改革、そして公共サービスの産業化政策による民間企業への委託事業の拡大が生み出した問題を鋭くえぐりだしたのである。ならば、その根本政策の転換こそ必要だといえよう。

地域経済のあるべき姿がみえてきた

新型コロナウイルス感染症は、長引く可能性があることに加え、今後も新種の感染症がたびたび大流行すると指摘されている。このようなグローバル化がもたらした感染症による大災害のリスクを回避するために、地元資源を生かした地域内経済循環を基本にした互恵的で持続的な地域社会に向けた取り組みもはじまっている。

コロナ禍によって、これまでのグローバル化・効率化一本鎗の「経済成長戦略」「選択と集中」政策の限界・リスクが白日のもとに明らかとなった。これは、インバウンド観光客に依存していた京都などの大型観光地の苦境が示すところである。逆に、コロナ禍のなかで、人間が生きていくために、その地域で、どのような仕事・活動が必要なのかも鮮明になった。それは、「エッセンシャルワーク」といわれる医療や介護だけではなく、農業や製造業、建設業、運輸業、そして教育や文化芸術など、多様な職種にわたる。それぞれが地域社会において、社会的有用性をもって共存しているのである。とりわけ遠隔地との交流・交換が長期にわたりストップするなかで、地域社会の「地金《じがね》」が、くっきりと姿を現したといえる。その地域になくてはならない「宝物」の再発見である。

京都では、行き場を失った京野菜を生かしたテイクアウト用弁当を、飲食店・宿泊業者が共同でつくり、配達も地域のタクシー業者が行うという、連携の取組みがなされている。インバウンド観光客重視から地元顧客重視への転換を図り、新たな顧客を生み出す努力である。一種の「連帯経済」であり、これによって、地域内経済循環が生み出され、それに関わる個々の経営体の経済力および地域産業全体の地域内再投資力が強まることで、地域経済・社会の再構築につながることが期待される。

いずれの場合も、遠隔地の人びとや企業との取り引きが、しばらくは見通せない状況のもとで、ウイルス感染を防ぎながら、個別の経営を維持し、地域経済・地域社会を持続させていくためには、足元の「地域」に視点をおき、まずは内部循環型経済を再構築していくことが必要不可欠になっていることを示している。

それを意識的に進めるために、北海道の帯広市では、中小企業振興基本条例の理念に基づき、さまざまなグループによる地元農産物を活かした加工品販売、テイクアウト弁当の販売などをインターネットによって促進する施策を打ち出している。同種の条例がある自治体では、その具体化を地方自治体と企業、住民が連携して生み出すことが求められているし、条例がない自治体では、この機に制定して、地域経済・社会の持続を図る取り組みを体系的に展開していくべきであろう。[*3]

最後に、災害研究の第一人者である室崎益輝神戸大学名誉教授は、「人のつながりは生きる力。物理的な距離は離れていても、社会的な距離はより密にしなければならない」と述べている。[*4] このことを肝に銘じるべきであろう。

＊1　ベン・ワイズナーほか『防災学原論』築地書館、二〇一〇年。
＊2　山本太郎『感染症と文明—共生への道』岩波新書、二〇一一年。岡田晴恵・田代眞人『感染爆発に備える—新型インフルエンザと新型コロナ』岩波書店、二〇一三年。
＊3　岡田知弘『地域づくりの経済学入門』増補改訂版、自治体研究社、二〇二〇年、第10章参照。
＊4　『神戸新聞』二〇二〇年五月二一日付。

第三章

コロナ禍の「自粛要請」とその受容の精神史

住友 陽文

はじめに

天皇という、超越的で神格性を有した統治権の総攬《そうらん》者、その権威と権力のもとで強大な権限を執行する行政権力と軍隊、さらには強圧的に国民の思想や行動を統制する弾圧法制、各人の思想の内面にまで介入する思想検察や秘密警察の組織、そういった物理的・精神的に広く国民の思想と行動を管理・制御する権力装置が備わっていた明治憲法体制下の国家のもとで、それにもかかわらず、いかに多くの逸脱者・異端者を生んできたかということは周知の事実である。それと比較して、そういった近代天皇制の支配機構が解体されたあとの戦後の日本国憲法体制下のほうが、むしろ国民は国家に柔順で、社会に同調する傾向が強いのではないかという気がしている。あれほどの文字通りの暴力装置を兼ね備え、学校現場で、軍隊で、地域社会で、労働現場で、余暇の読書経験で、さまざまな場を通して注入された国民道徳や国体論にもかかわらず、むしろ戦後日本人のほうが政府の要請や社会の秩序や規律に柔順で「お行儀」がよいのはどういうことだろうか（どういう国家かにもよるが）。公園や列車内や人が密集する公共の場でのマナーは、圧倒的に戦後、とくに高度成長期以降の日本社会のほうが、戦前日本のそれよりもずっと規律的である。

なぜ、そのように自問するのか。それは、二〇二〇年八月現在の日本社会を明治維新以降の歴史のひとつの到達点とみたときに、われわれが獲得したものとは、こういった社会への同調、社会への最適化の精神だったのではないかと思えるからである。

本章では、現在進行しつつある新型コロナウイルスの感染拡大とそれへの政府や地方自治体の対応を観察し、それに対応する人びとの行動にも注意を払いながら、そこで惹起《じゃっき》している社会現象を、歴史的視点から考察し論じてみたい。また、このような試みは、将来において「コロナ危機の日本」を歴史的に検証しようとするときの材料を残しておくための記録でもある。歴史を考えるということは、過去を通して現在を再構成し、現在の何が問題であるかを発見しつつ、その淵源《えんげん》を過去において探り、再度そこから構築される現在像を導き出す、きわめて実践的な学問である。そのことを本章を通しても、やはり実践していこうと考える。

「自粛」や「行動変容」を促す要因

「社会奉仕」としての「自粛」

新型コロナウイルスが感染した場合の治療法とワクチンが存在しない現時点において、有効的な対処法はPCR検査で正確に陽性者を見つけ、必要で適切な隔離を行うという方法しかない。しかし、どういうわけか、日本ではPCR検査は抑制的、あるいは否定的な論調が少なくなく、実際にも、その検査数（人口比）では他国と比較して日本は圧倒的に少ない。

PCR検査が抑制されていたという点については、複合的な検査の目詰まりがあったことが指摘されている。相談窓口の帰国者・接触者相談センターの電話がパンクしたことや、相談相手に適切な助言ができる感染症担当の医師や保健師が不足していたこと、陽性者の搬送先の病床が確保できなかったこと、検査の大部分を担う地方衛生研究所（全国八三か所）での人員不足などである。地方衛生研究所の人員や予算が削減され続けてきたことも大きい。日本では二〇一五年のMERSの感染者は出ず、それが新型インフルエンザ流行時の危機意識の持続を阻んだとも考えられた。[*1] このようにPCR検査が目詰まりを起こし、検査抑制がなされてきた結果、感染者を積極的に発見できず、感染拡大につながった。

かつての疫病への対応は、患者の隔離・収容、そして治療であった。国や地方自治体での伝染病対策は、事実上隔離政策として焦点化されてきたといってもいい。そのため、伝染病についての予防法もまた、隔離を可能にするための法整備であった。近代日本における伝染病対策での隔離政策が私権を制限するだけではなく、深刻な人権問題を引き起こしてきたことは周知のことである。

しかし、現在のコロナへの人びとの対応は、それらと様相を異にする。「陽性者（他人）を隔離せよ」という声はほとんど聞かれず（政府や自治体が「若者」「夜の街」を指示しているぐらい）、むしろ自分はすすんで検査を受け、陽性の結果が出ればみずからを隔離し、もしくは隔離の施設に収容されることを希望している。

なぜ、みずからすすんで隔離されようとするかといえば、一つには、重症化して手遅れになるのを恐れるということもあるのはもちろんだが、他人に感染させたくないと思う人が少なくないというのもたしかである。それは、日本人が「他人に迷惑をかけないこと」を優先的な道徳行為と見なしているからと思われる。生命倫理学が専門の京都大学大学院准教授の児玉聡は、『京都新聞』のインタヴューに答えて、「個人利益」ではなく、「ほかの命を助けるための協力」、すなわち「社会への奉仕」という「善行」という視座から、感染症対策をとらえようとしている。*2 ここに、利己より利他を優先し、個人ではなく社会の保全を最善ととらえる道徳観をみることができる。

政府や地方自治体は、医療体制の脆弱《ぜいじゃく》性をわかっていて、だからPCR検査を制限したいと考え、そのためにのちに詳しくみるように市民にさまざまな「自粛」を求めようとする。その際に、右に指摘したような「社会奉仕」のための善行を個人に求めるような道徳観が、重要な役割を果たしたというのが、本章で論点にしたいことである。利他的行為や「社会奉仕」を重視する市民からすれば、医療現場もまた他者であり、他者に迷惑をかけてはならぬと考えるのは当然であった。

「行動変容」を受け入れる

国の感染症対策を考え、政府に提案するのは、二〇二〇年二月一四日に設置された新型コロナウイルス感染症対策専門家会議（以下、「専門家会議」と略す）であった。専門家会議（座長は脇田隆字《たかじ》国立感染症研究所所長）の委員一二名のうち、尾身茂や岡部信彦、押谷仁、釜萢敏《かまやちさとし》など七名の委員が二〇一九年の新型インフルエンザ等対策有識者会議から引き継がれてきたメンバーであった。

二月二四日には、専門家会議は、PCR検査についてコロナを検出する「唯一の検査法」であるとしながら、「全ての人にPCR検査をすることは、このウイルスの対策として有効ではありません」と述べた。PCR検査についての専門家会議の態度は、当初から抑制的であったことがわかる。そのうえで、外出を控え、自宅で療養することを呼びかけている。さらに「心配だからといって、すぐに医療機関を受診しないで下さい」と注意を喚起し、医療従事者や医療機関への過重な負担を回避するよう要請する。[*3]

「三密」ということが言われはじめたのが、三月九日の専門家会議による「新型コロナウイルス感染症対策の見解」からであった。密閉空間であること、多数密集すること、近距離での会話や発声が行われること、その三条件が重なることで感染が広がることを警戒したうえで、専門家会議は「すべての市民のみなさまに、この感染症との闘いに参加して頂きたいと考えています」と訴えた。[*4]

三月一九日には専門家会議は、「社会・経済機能への影響を最小限としながら、感染拡大防止の効果を最大限にする」ために、クラスターの早期発見・早期対応、患者の早期診断や重症者への集中治療の充実と医療提供体制の確保のほか、「市民の行動変容」という三本柱による基本戦略の維持・強化に努めていくこととなる。[*5]この「行動変容」とは、手洗いや咳エチケットなどの感染防止策の徹底、「三つの密」を徹底的に回避すること、人と人との距離をとるソーシャル・ディスタンシングの確保、不要不急の外出の「自粛」、これらのことを一人ひとりが実行するようにみずからの行動を変容させることであった。[*6]

政府が市民に「行動変容」を求めるのは、いわば経済と感染拡大防止を両立させようとするからである。市民に対して感染拡大防止のために休業や仕事の制限を「要請」しながら、経済的保障を回避するには、市民一人ひとりの自律的な行動の変容に期待するほかなかったのである。また、「行動変容」を市民に求めながら、医療資源の節約を政府や自治体が気にかけるのは、医療崩壊を起こすと経済に大きなダメージを与えるからである。インバウンド目当ての観光行政に大きく依存してきた国や自治体が、七月二二日からはじまった「Go To トラベル」キャンペーンを実施できるのも、この市民による「行動変容」を期待できるからであった。それもあって、コロナ対策が、「成長戦略」を主導する経済再生担当大臣（西村康稔担当大臣）や経済産業省（梶山弘志大臣）の主導になるのである。

この「行動変容」がモデルにしたのが、「新しい生活様式」と呼ばれる、コロナ感染下での、市民の自律的感染予防体制に最適化した生活モデルであった。「新しい生活様式」は、感染拡大を予防するための生活モデルであった。専門家会議によるとその具体的なものとは、「人と身体的距離をとることによる接触を減らすこと、マスクをすること、手洗いをすること」などであり、「市民お一人おひとりが、日常生活の中で「新しい生活様式」を心がけ」ることで、各種感染症の拡大防止が可能となり、「ご自身のみならず、大事な家族や友人、隣人の命を守ることにつながるもの」とされた。[*7]

なぜ、地方自治体が「自粛要請」を出しても、また国が「行動変容」を示して「新しい生活様式」を慫慂《しょうよう》しても、この国に住まう市民はそれらを大きな抵抗感なく受容していくのか。それは一つには、「行動変容」を求められる市民の側が、国家権力と市民との関係を支配―被支配の垂直関係で理解せず、同等の水平関係でみるので、相互に迷惑をかけないような配慮を示すという規範がすでに市民に内面化されているからである。「自粛要請」や「行動変容」を受け入れる精神的基盤が、じつはそこにあったのである。市民の「自粛」と「行動変容」によって実行されるのが「新しい生活様式」であった。このような行政や法に支えられた、実体を伴わない市民の道徳的行為の実践の一方で、政府や地方自治体によって積極的に推進されたのが、「ポストコロナ」を見越した「成長戦略」であった。

自由民主党政務調査会経済成長戦略本部は、「ポストコロナの成長戦略を考えるに当たっての基本的視点」として、

> グローバルリスクが顕在化した感染症への恐怖感や気候変動による不安感などを取り除き、国民に未来を実感してもらうには、供給者目線に加え、暮らし・地域・社会という国民ひとり一人の目線、生活者・需要者としての目線（傍点住友）

を重視した。[*8] 市民に「自粛」や「行動変容」を求める一方で、政府の「ポストコロナ」を展望した戦略は実体を伴うものというより、「実感」次元でのものであった。

個人の道徳的行為を促す近代日本

近代日本と教化国家

「自粛」や自律的な「行動変容」をこの国の市民がみずからの道徳的行為として内面化していたのは、明治の初発からであったのであろうか。

明治維新によって主権国家体制に組み込まれ、その後次々と近代法を成立させて憲法まで制定した一九世紀末の日本国が、もっとも熱心に行ったのが国民教育であった。明治期の財政規模の小さい町村であれば、その歳出額の約半分近くが教育費であったほどである。教育で重視されたのは知識や技量だけではなかった。周知のごとく、道徳こそが国民教育の根幹であった。

憲法をはじめとする近代法制の多くの起草に関わった法制官僚の井上毅《いのうえこわし》によれば、一九世紀末期段階の国家は単に法律を整備するだけではなく、「クルツール・スターツ」、すなわち教化国家である必要があった。住民の生存保障を担う国家が、同時に生存保障される客体、すなわち臣民諸個人の教化を積極的に行って、人権の主体へと彼らを陶冶していこうとするのであった。そのためには法だけではなく、臣民を「誘掖勧導《ゆうえきかんどう》」する道徳が必要であった。これが井上毅の構想であった。[*9]

一方、内務省衛生局の官僚であった後藤新平は、大日本帝国憲法制定の半年後に公衆衛生学を念頭に、主権国家を論じた。それによると近代日本は、教化（教育と道徳）と生産（殖産と興業）を担う国家として出発した。社会の進化は人民の知能増進と人権伸暢《しんちょう》を誘発し、弱肉強食場裡《じょうり》を必然化させる。[*10] ここに、公衆の「健康福寿」を保護する主権国家が必要となる要因が現れる。[*11] 単に人が集まって共同体をなすだけで国家が形成されるわけではなく、「主権ヲ頂キ」、もって「衛生ノ方策ヲ立ツル」のが国家であるというのである。さらに後藤はこのあと、「主権」による「衛生」上の「保護」をなしつつ、「人民ノ自衛ト相《あい》須《まつ》テ」はじめて国民の「健全生活」が担保され、そのような制度が完備することで国民は「生理的円満ヲ享有ス」ることができると主張するのである。[*12]

後藤がここで視野に入れたのは、国家の主権的作用のみならず、人民自身による「自衛」であった。すなわち、社会の公益と自身の生存とを自律的に調和させる個人の必要性（「社会的なるもの」を引き受ける個人の創造）が示唆されているのである。実際、そのあと伝染病対策としては予防法などの法整備、専門家の育成、行政警察の誕生、そして住民による衛生組合の組織化が、一九世紀から二〇世紀にかけての世紀転換期に進められていくのである。[*13]

コロナ禍にある現在から右の後藤新平の認識をみるとき、大日本帝国憲法が制定される三年前の一八八六年に、未曾有のコレラ流行により全国で一〇万人以上が亡くなり、もっとも被害が大きかった大阪府では約一万四千人が亡くなったという事実は、これまで以上にその意味の重みは増すのではないだろうか。明治憲法体制が確立する過程で日本人の多くが伝染病で亡くなるという国家的経験をしたことの意味については、今後深められていくこととなろう。

さて、井上毅や後藤新平らにしたがえば、「衛生ノ方策ヲ立」てる教化国家に呼応するような「自衛」の人民を育成していくことが、一九世紀末に新しい国家をつくり上げていった統治集団の課題ということになる。

一九一八年に世界中でスペイン・インフルエンザ（いわゆる「スペイン風邪」）が大流行した。日本では一九一八年六月頃から「内地」の聯隊《れんたい》で患者が出はじめ、九月末からは変異したウイルスが日本に襲来したといわれている。*14 翌年三月頃まで国内では流行が続いたが、このことが国家による人民統治にどのような影響を与えたかということについては、今のところほとんど研究はない。しかしこのことが、国家による統治技法や社会のあり方にいっさい何も影響しなかったとは考えがたい。一九一八年一〇月二九日付で広島県芦品《あしな》郡視学《ぐんしがく》が、郡内の各小学校長・町村長宛に「流行性感冒ニ関スル件通牒」を出している（おそらく全国でも同様の通牒が出されていたはず）。いわく、

> 本病（インフルエンザ―住友）ノ予防トシテハ、初メニ云ツタ通リ伝播甚ダ急激ナルヲ以テ予防ハ最モ困難デ、（略）故ニ初発患者ヲ早期ニ家庭内ニ隔離シテ全然治癒スルマデ出校ヲ禁止スルト共ニ、学校外ニ於テ風邪其ノ他疑ハシイ者ニ接触シナイ様ニ児童・父兄ヲシテ各自注意セシメ、

又苟《かりそめ》ノ風邪等モ等閑《とうかん》ニセズ早速休学治癒スルコトハ悪疫ヲ蔓延《まんえん》セシメサル道徳的行為デアル

と。[*15] ここで郡視学が注意を喚起していることは、すみやかに発病児童を発見して隔離したり、学校に登校させないなど、他人に感染させない「道徳的行為」を促すことであった。

このように感染を拡げないために、一人ひとりに「道徳的行為」を求めた内務省―府県・郡が、改めて「ポストインフルエンザ」の社会に対して新たな国民教化を推進していこうとするのは必然であった。

民力涵養運動と生活改善

一九一九年三月から床次竹二郎《とこなみたけじろう》内務大臣主導により民力涵養《かんよう》運動が展開された。その契機となったのが内務省訓令第九四号であった。そこで強調されたのが、「立憲ノ思想ヲ明徴《めいちょう》ニシ自治ノ観念ヲ陶冶シテ公共心ヲ涵養シ犠牲ノ精神ヲ旺盛ナラシムルコト」であった。[*16] すなわち、国家への依存心を排除して、社会に最適化する人格を保持して、その社会のために犠牲を払う精神を旺盛にすべきということであった。立憲、自治、公共心、犠牲が内務省主導で展開された民力涵養運動の基本理念であったことと、その直前までスペイン・インフルエンザが日本国内でも猛威を揮《ふる》ったこととは無関係ではあるまい。

第三期国定教科書のうち一九二二年から使用される修身書巻五は、その第七課「衛生」で、「衛生に関する注意が足らないところから、伝染病にかかることがあると、それは自分の禍であるばかりでなく、公衆に大そう迷惑をかけます。まして自分の不注意から病毒を他人にうつし、大ぜいの人の命をそこなひ、産業を衰へさせるやうになつては、公衆に対して其の罪は決して軽くはありません」と記す。[*17]まさに「公衆」に対する「迷惑」を避けることを重視し、その行為を「衛生」や「伝染病」に関連づけて強調している。この時期の修身教科書の特徴は、こういった社会への関心を喚起し、社会倫理を根づかせる点にあった。[*18]

民力涵養運動がはじまった一九一九年の一一月に、文部省主催の生活改善展覧会が開催された。その後を受けて、翌二〇年一月に文部省社会局が開設した外郭団体が生活改善同盟会であった。[*19]西欧の公衆マナーや生活の合理化、公衆衛生を徹底させる生活様式を奨励していくことが、その役割であった。その生活改善同盟会が編集した『生活改善の栞《しおり》』が一九二四年に発行された。ここでは、旧来の結婚のあり方が見直され、結婚する者は相互に性病や基礎疾患の有無などを事前に確認したほうがよいとか、各種宴会での食事は床の上に直《じか》に皿を並べるのではなく、衛生のために食卓の上に配膳するのがよいといったことが書かれている。[*20]また、人が多く集まるような場所での公衆マナーなども説かれている。[*21]

これまでの民力涵養運動や生活改善同盟会に関する研究は、大正デモクラシーの影響によって「社会」というものへの関心が高まり、そのことが右記のような官製運動の特徴を規定していたということを指摘する。だが、こういった第一次世界大戦後の国民教化運動は、先にみた後藤新平らのような公衆衛生学などの医学的テクノロジーを駆使した全体主義的な統治技法が、「社会」への関心の高まりのなかでより高度に進化したものとして展開されたものなのではないだろうか。いずれにせよ、スペイン・インフルエンザが大流行して以降、政府の内務行政や道徳教育の基調は、感染症対策でみられた社会や他者に対する迷惑を回避し、社会を防衛するということがより重要視されるものになってきた。人びとは、権力と個人という垂直関係も、水平方向の他者と他者という関係としてみる「訓練」がなされてきたと言っていい。

社会への配慮を内面化させた個人をつくる

社会を受容する個人

法的・制度的根拠に基づいた垂直関係としての国家権力と市民との関係が、社会的関係、すなわち水平方向の関係のものとして少しずつ観念されていくのが両大戦間期であった。水平関係はしばしば情の関係として観念される。たとえば、義理や人情や恩義や誠実や信仰などのような道徳的関係のように。道徳的関係は支配―被支配関係ではなく、また水平関係といっても契約関係でもない。そういった法や制度によって媒介されるものではない。これらはいわば、法外の原理によって支えられるようなものである。

命令関係ではないし、契約関係ではないので、道徳さえ共有されれば、カネはかからない。つまり、政府はカネをかけないで本質的には命令であるが、それを道徳的行為として一人ひとりに要請することができるのである。市民に行動の「自粛」を要請するということで、政府と市民は本来は垂直関係にあるにもかかわらず、法外の原理、すなわち水平方向の道徳的関係に依存することで、政府はみずからの要求を通すことができるのである。

このように、国家権力がみずからの要求を法的・制度的裏づけなしに市民に向かって押し通すことができるのは、市民個人の内面において、他者からの強制を「自己決定」と受け止めることのできる、ある種の「能力」が備わっているからである。すなわちそれは、自我の内面に「社会的なるもの」を取り込み、その取り込んだ社会すら自我を構成するものと位置づけ、それら総体をもって自己であると認識することのできる、そのような能力のことである。そこでは、個人にとっては社会や国家すら外部的な存在ではなく、それもまた個人を構成する内部的要素であると理解されるのである。

そういった個人の創造の試みが展開されてくるのが、近代日本の歴史過程だというのが私の説である。[*22]だとすると、疫学上必要な行動を市民にとらせるために、公衆衛生という公共の利益のためなら、個人はみずからの私権を内発的に抑制するように「訓練」されていると考えても、それほどおかしいものではない。つまり、個人の損失補塡と私権制限命令とがセットにならないのは、日本においては近代を経てきた帰結だということになる。

国家と個人とがシヴィアに利害対立することといえば、土地収用問題となるが、昭和期の行政法学者であった渡辺宗太郎は、所有権の絶対不可侵性という個人主義的立場にたてば、土地収用は所有権の侵害となるが、所有権もまた社会的所産とみてその相対的性格を見いだしたならば、所有権の「社会的機能を以つてその本体と見る」こととなり、土地収用という社会的利益のために「個人的支配」が妨害されたとしても、その個人の損失補償は何も生じないと主張する。[*23]

右のような法観念は、「権利の濫用」の抑制や「公共の福祉」による私権制限など、社会法的な原理に関わることであり、法と道徳との一種の調和を意味していた。広島県の青年団運動の父となる社会教育家であった山本瀧之助《やまもとたきのすけ》は、明治中期のころ、「道徳の関係は一変して法律の関係となり、昔堅気なるもの跡を潜めて」と、法が道徳に代わって社会を包摂しつつある一九世紀末日本の姿を嘆いていた。*24 国家は、国民個人が政府に依存しないように自助と自治を強調した一方で、社会の側では行政や法抜きで相互の人情や徳義が活き活きとする人間関係が称揚されていたのである。むしろ、法や行政を介する人間関係を「水臭い」と敬遠すらしていたのである。

「社会奉仕」と大正期

もう一つ、指摘しておきたいことがある。それは、第一次世界大戦後ころから「社会奉仕」という言葉が流行しはじめたことである。かつては社会主義者であった西川光二郎が、『社会奉仕の仕方』（丁未出版社、一九二一年）という書籍まで出版した。

たとえば、感化教育家の留岡幸助は、「社会奉仕の道徳は強大なる者が弱小なる者の為に奉事する意味であ」り、「官公吏を公僕といふ所以は、強き者が弱き者に奉仕する意味」だと述べ、社会奉仕の道徳が発達しなければ「社会は維持して行けない」とまで主張した。*25

また、大阪市の学校教育での副読本であった『大阪市民読本』でも、

富者が物質的方法を以て社会に寄与する事は避くる事の出来ぬ社会奉仕である。貧者と雖《いえど》も社会奉仕は固《もと》より其の責務であるけれども、彼等の社会奉仕は物質的方法を以てする事を要しない、富者の社会奉仕のみ物質的方法を以てする事を要する、富者が斯《かか》る行動をなす事は直接には社会の発達に貢献し間接には自己の安全を保つ所以であるばかりでなく必然の道徳的義務である。

と記されている。[*26] 留岡が書いていることとほぼ同じような趣旨である。

さらに、教育家であった大島正徳は、「自治」ということに関連させて「自分」とは何かを問いつつ、次のように述べる。それは、「自分の事を自分でする事だ」というのを個人的自治だと呼んでいるうちは、その自治のなかには「積極的に他人のために面倒を見てやり、社会のためを図つて、種々の社会奉仕的活動をするといふ気分」が「是認」されないので、「自分なるものが、孤立的の存在でなく、他人を含み、社会を内に持つてゐる存在であるといふ意味が、明白になり得るならば、自分で自分の事をする自治なるものは、当然その中に公共関係を含んでをる」ということを重視しようとする。[*27] すなわち、「我は社会の一員であつて同時にその我の本質内容として、社会性を持つてゐるのであるから、自分の中に社会があるといひ得る存在である」のである。[*28] 「自分」を構成する要素として「社会」

を挙げ、個人が個人の外部たる社会と対立するのではなく、社会はすでに個人に内在しているということを発見しようとしたのである。こういった個人と社会との関係認識は、大正期以降一部の知識人たちにみられるものであった（与謝野晶子が典型的である[*29]）。

現代へ

では、以上みてきたように、帝国臣民は国家が期待したような社会を自己内に内在化させ、みずからの所有権を社会的所産と理解し、社会と協調する自我を確立した主体として陶冶されていたのだろうか。私はとてもそうは思えない。高岡裕之が戦時下日本の厚生運動の実態を素材にし、厚生事業を名目に旅行や観光にいそしむ戦時下の日本人たちが、いかに乗車マナーが劣悪で、公衆道徳が乱れていたかを明らかにしている[*30]。生活改善同盟会が期待したような社会倫理やマナーを装備した個人は、戦前のあいだ、未成熟なままであったのではないか。それは、戦後の高度成長期以降にようやく成立してきたのではないか。公共交通機関での整列乗車はせいぜい一九六四年の東京五輪以降だろうし、それが全国の都市圏に広がるのは一九八〇年代以降だ。そう考えると、「自粛要請」や「外出自粛」に柔順な日本人というのは、ここ近年になって登場してきたものではないだろうか。

金融論が専門の早稲田大学大学院教授の岩村充は、医療・防疫資源の乏しい日本では「人々に外出の「自粛」を呼びかける日本政府の行き方を支持」すると表明する者であり、外出の「自粛」を「法の強制により行う」のではなく、「人々の自律的意思によって行う」べきであり、そのことで「私たちの自由な世界を守る」ことになるのだと主張している。[*31] まさに、明治期以降、公衆衛生学を見据えながら、さまざまなかたちで内務行政が臣民にあの手この手で推奨してきた「道徳的行為」の模範がここに見ることができるのである。

おわりに

二〇二〇年八月四日に、吉村洋文大阪府知事・松井一郎大阪市長と大阪はびきの医療センターによる共同記者会見が開催され、そこで「ポビドンヨード含嗽《がんそう》で宿泊療養者の唾液ウイルス陽性頻度は低下する」と突然発表した。研究発表の中身は、ポビドンヨード（イソジンうがい薬）を使ってうがいをすれば、口腔内のウイルスが減殺される可能性があるという、治験中の経過報告であり、これは、症状は出たが家事・育児を休めない者が使ったり、防疫・医療の最前線で尽力する医療従事者や、経済を動かす「夜の街」の接待を伴う飲食店従業員などが使うことを想定していた。つまり、PCR検査を受けることなく、すなわち脆弱《ぜいじやく》な検査体制・医療体制を温存しつつ、市民たちを家庭や医療現場や繁華街で働かせ、経済や社会を守ってもらおうという施策である。

これは口腔内の唾液とそこから出る飛沫を焦点化するが、決して感染しているかもしれない人そのものを問題視するものではなかった。防止の対象となっているのは、働く者が他者へ「感染させる」ことであり、決して働いている者が感染したり、重症化したりすることではなかった。すなわち、焦点は飛沫というモノそのものであり、人の命ではない。または、焦点化されているのは他者であり、自己ではない。

なぜそうなるのか。それは、社会の一部である個人に求められているのは社会を防衛することであり、決して社会を犠牲にして個人それ自体が独立して尊重されているわけではないからである。個人が重視されるのは、せいぜい経済や社会を回す歯車である場合だ。どうやれば命を救えるかではなく、どうやれば他人に感染させないかが焦点なのだから、そのようになるのは当然であった。このようなアイディアを打ち出す側の視座からは、うがいをする主体への眼差しが欠落しているのである。

これは、いかにも「日本的」だ。他人に迷惑をかけたくないという心性にもっとも最適化する方法が、イソジンでうがいして他人に感染させないようにするということだからだ。そこに決定的に欠落しているのは、個人そのものだ。個人が自律的に社会と調和しようとして自己制限をすることと、社会の迷惑ゆえ自己制限を強いられることとは紙一重であり、前者から後者への移行にはそれほど高いハードルは立っていない。こう考えると、今回のコロナ禍の感染症対策でもっとも注目された自治体のパフォーマンスが、イソジンでのうがいの推奨であったという事実は、本章のように近代日本の歴史をたどってきたとき、感慨深いものがある。

またこの問題は、二〇一二年版自民党憲法改正草案で、現行憲法にある「個人」が「人」に、そして人権制約原理としての「公共の福祉」が「公益及び公の秩序」に変更されたこととつながってくるように思える。この点は紙幅の関係で詳述できないが、改正草案で「公共の福祉」が「公益及び公の秩序」に改訂されたことの理由として、「個々の人権を超えた公益による直接的な権利制約を正当化」

できないことへの懐疑を、起草した自民党の起草委員会から率直に表明されていること（「日本国憲法改正草案Q&A」）は、注視しておいていいだろう。感染症対策において、既述のように社会の防衛のために個人の人権は容易に軽視されるというのを見るときは、なおさらである。

＊1　以上、「第3回　PCR検査はなぜ広がらなかったか—検査目詰まり　複合的に」『読売新聞』二〇二〇年七月二九日付朝刊による。

＊2　「感染防止で個人の行動制限「命助ける〝善行〟ととらえて」—「行動の自由」と民主主義、生命倫理学者に聞く」『京都新聞』二〇二〇年四月一三日付デジタル版。https://www.kyoto-np.co.jp/articles/-/215946

＊3　新型コロナウイルス感染症対策専門家会議「新型コロナウイルス感染症対策の基本方針の具体化に向けた見解」二〇二〇年二月二四日。https://www.mhlw.go.jp/content/10900000/000599431.pdf

＊4　新型コロナウイルス感染症対策専門家会議「新型コロナウイルス感染症対策の見解」二〇二〇年三月九日。https://www.mhlw.go.jp/content/10900000/000606000.pdf

＊5　新型コロナウイルス感染症対策専門家会議「新型コロナウイルス感染症対策の状況分析・提言」二〇二〇年三月一九日。https://www.mhlw.go.jp/content/10900000/000610566.pdf

＊6　新型コロナウイルス感染症対策専門家会議「新型コロナウイルス感染症対策の状況分析・提言」二〇二〇年四月一日。https://www.mhlw.go.jp/content/10900000/000617992.pdf

＊7　新型コロナウイルス感染症対策専門家会議「新型コロナウイルス感染症対策の状況分析・提言」二〇二〇年五月四日。https://www.kantei.go.jp/jp/singi/novel_coronavirus/senmonkakaigi/sidai_r020504_1.pdf

＊8　自由民主党政務調査会経済成長戦略本部「ポストコロナの経済社会に向けた成長戦略」二〇二〇年六月二五日。https://jimin.jp-east-2.storage.api.nifcloud.com/pdf/news/policy/200299_1.pdf

＊9　井上毅「行政ノ目的」一八八八年、『井上毅伝』史料篇第五、國學院大學図書館、一九七五年所収三八〇—三八一頁。

＊10　後藤新平『国家衛生原理』忠愛社、一八八九年、八五—八七頁。

＊11　住友陽文『皇国日本のデモクラシー—個人創造の思想史』有志舎、二〇一一年、七—八頁参照。

＊12　前掲注10『国家衛生原理』、八七—八八頁。

＊13　明治期の医制や伝染病予防法ならびに具体的な衛生行政については、馬場義弘「三新法期の都市行政—大阪の衛生行政を事例に—」『ヒストリア』一四一号、一九九三年一二月、尾崎耕司「「伝染病予防法」考—市町村自治と機関委任事務に関する一考察—」『新しい歴史学のために』二一三号、一九九四年五月、同「後藤新平の衛生国家思想について」『ヒストリア』一五三号、一九九六年一二月、同「明治『医制』再考」『大手前大学論集』一六巻、二〇一六年を参照のこと。

＊14　速水融『日本を襲ったスペイン・インフルエンザ—人類とウイルスの第一次世界戦争』藤原書店、二〇〇六年、

四六、九九頁。
＊15 福山市史編さん委員会編『福山市史　近代現代資料編Ⅳ社会・生活』福山市、二〇一六年、一六七頁。
＊16 大霞会編『内務省史』第一巻、地方財務協会、一九七一年、三四一頁。
＊17 唐澤富太郎『教科書の歴史』創文社、一九五六年、三三九頁。
＊18 前掲注17『教科書の歴史』、三三八頁。
＊19 中川清「生活改善言説の特徴とその変容―生活改善同盟会の改善事項を中心に―」『社会科学』第四二巻第一号、二〇一二年を参照。
＊20 生活改善同盟会編『生活改善の栞』生活改善同盟会、一九二四年、三、一三頁。
＊21 前掲注20『生活改善の栞』、二八―三二頁。
＊22 前掲注11『皇国日本のデモクラシー』。
＊23 渡辺宗太郎『土地収用法論』弘文堂書房、一九二九年、三―六頁。
＊24 山本瀧之助『田舎青年』一八九六年（『復刻版　山本瀧之助全集』日本青年館、一九八五年）二〇頁。
＊25 留岡幸助「公民道徳と社会道徳」『斯民』第一七巻第二号、一九二二年二月、二一頁。
＊26 大阪市教育会編『大阪市民読本』大阪宝文館、一九二三年、二一八―二一九頁。
＊27 大島正徳『自治公民の根本義』至文堂、一九二七年、一二七―一二八頁。
＊28 前掲注27『自治公民の根本義』、一三三頁。
＊29 前掲注11『皇国日本のデモクラシー』第七章を参照。
＊30 高岡裕之「観光・厚生・旅行―ファシズム期のツーリズム―」赤澤史朗・北河賢三編『文化とファシズム―戦時期日本における文化の光芒』日本経済評論社、一九九三年所収。
＊31 岩村充「「自由」を危機にさらす「全員ＰＣＲ検査論」の罠―「誰のためのＰＣＲ検査なのか」冷静に考えたい」『東洋経済オンライン』二〇二〇年五月一四日付。https://toyokeizai.net/articles/-/350192

第四章

疫病国家論

田中 希生

序論

天文九年（一五四〇）六月、後奈良帝は、蔓延《まんえん》する疫病の終息を願って書写した『般若心経』の奥書に、次のように記している。

今茲天下大疾万民多阽於死亡。朕為民父母徳不能覆、甚自痛焉。窃写般若心経一巻於金字、……庶幾虖為疾病之妙薬

天下を覆う疫病で多くの民が死んだ。民の父母たるべき自分の徳でこれを覆すことができないことに心を痛めている。そこで、ひそかに般若心経を金字で写した。これが病の妙薬になることを願って……。

この写経は二四か国の一宮に納められ、いくつか現存しているが、彼は、戦国の世の喧騒《けんそう》のなかで、茫漠《ぼうばく》として消え失せつつあった《国家》なるものを、ひとり見定めようとしていたといっていい。

後奈良帝の祖父、二代前の後土御門帝の代に、応仁の乱が生じていた。践祚《せんそ》後ほどなくして起きたこの乱の余波で、財源が枯渇したために大嘗祭《だいじょうさい》を許されず、当然、次代の勝仁親王（後柏原帝）への

五度にわたる譲位要請も、足利将軍家は認めなかった。父ですら済ませていない大嘗祭を勝仁親王のために用意する金のあるはずもなく、天皇霊《てんのうれい》を継承すべき儀礼*1としては、当代の天皇を飛ばしてはその本来の意義はなくなる。こうして、彼は天皇のまま死ぬことになった。葬儀も行われず、だから社会的に死ぬことが許されないまま、彼の遺体は御所に放置され、腐っていった。

近衛政家は『後法興院記《ごほうこういんき》』の明応九年（一五〇〇）十一月十一日条にこう記している。

今夜旧主御葬送と云々《うんぬん》。亥《い》の刻許《ばか》り禁裏より泉湧寺《せんにゅうじ》に遷幸す。……今日に至り崩御以降四十三日なり。かくの如《ごと》き遅々、さらに先規あるべからず歟《か》。

このとき、日本の神は死んだといっていい。永遠であるべき霊魂が肉体という居場所を失って流離《さすら》っていたころ、同時に国家の姿も霞《かす》んでいた。勝仁親王が天皇位を襲ったが、時の管領細川勝元に反対され、即位の礼は治世はじまって二一年経《た》つまで行われなかった。誰もが自領の実力での――つまり上位権力の保証に拠《よ》らない、端的にいえば軍事力による――経営に余念がなかった一方で、国家的行事に金を出す勢力は現れなかったのだ。死の前年の大永五年（一五二五）には、疱瘡《ほうそう》（天然痘）大流行があった。その際には、彼も次代の後奈良帝同様に筆を取り、般若心経を書写して延暦寺と仁和寺に奉納している。国家なる、過去に霞むあるかなきかのおぼろげな地平が視界に入っていたのは、ほとんど天皇だけだったといっていいし、また天皇の根拠もそのあるかなきかの場所にしかなかった。後柏原帝は崩御後二五日放置された。遺体は腐乱による膨張で、用意された棺に入らなかったといわれる。そして後奈良帝は二か月半放置された。

われわれがこれら三代の、その力がおそらく日本史上もっとも脆弱《ぜいじゃく》化していた時代の天皇を眺めて思い至るのは、これら悲運の天皇が、疫病を通して民を、あるいは国家を見つめていたことである。裏を返せば、疫病と国家の分かちがたい結びつきである。

疫病の鎮静化を求めて行われた、いわゆる祇園祭についても同様に考えることができる。原型となる祇《ぎ》園御霊会《おんごりょうえ》の起源は、平安時代半ばの天禄元年（九七〇）といわれるが（祇園社の記録では天延二年〈九七四〉）、諸説あり定かではない。御霊会の記録としては、朝廷の庭園である神泉苑《しんせんえん》で催された『日本三代実録』の貞観五年（八六三）のものが最古である。前年より流行した疫病に対して、朝廷は大祓《おおはら》・名神《みょうじん》奉幣・仁王経《にんのうきょう》講説を行うが効果が上がらず、各地に広がりつつあった御霊会の儀礼に頼らざるをえなかった。宣旨により苑の四つの門が開かれ、都市民が自由に参加できる異例の形式で行われたとされ、朝野の双方に災厄をもたらす疫病の特徴がよく表れているといえる。以後も、六六か国の鉾《ほこ》をつくって神泉苑などで疫神である牛頭《ごず》天王《てんのう》を祀るなど、御霊会が朝廷主導のもとたびたび行われて、臨時の儀礼から恒例の都市祭礼へと常態化した。

この御霊会も、例によって応仁の乱で途絶えた。皇位継承儀礼さえ満足に許されない朝廷に、この国家行事に関わる余地はさらさらなかったが、ただしこちらが四条室町の町衆の手で再興されているのは、有名な話である。先行研究としては、林屋辰三郎[*2]や脇田晴子[*3]、川嶋將生[*4]や五島邦治[*5]、河内将芳[*6]などが挙げられる。有徳の経済人である町衆を、のちに確立される近代的な市民社会の原点のひとつに置こうとする研究者の視座は顕著だが、それに対しては疫病への恐怖を重視して、否定的な立場もある。

しかし、近代史家として興味を覚えるのは、そのいずれでもない。むしろそのあいだを考えることである。すなわち、市民社会形成と疫病への恐怖は両立する。身分という前近代的な検疫警戒線をたやすく越えて、民衆はもちろんのこと、貴族にも容赦なく襲いかかる疫病と国家の結びつきは、「主権国家」についての近代史家の構想に、ひとつの疑義を突きつけている。

これまでわれわれは、国家に対しては、その主権者 sovereignty ＝主体 subject はいったい誰なのか、という問いを発し、そのいずれに力点を置くにせよ、西欧をモデルに時間の前後に多少の差はあれ、王から民衆へ至る不可避の近代主義的ストーリーを想定するか、さもなければ、両者を構造化する公共的対話に国家の基盤を認めようとしてきた。右に述べた町衆＝市民社会形成の視座も、当然、この枠内に収まる。しかし疫病は、こうした近代的な思考の基盤自体を、揺るがせにしているように思われるのである。端的にいえば、つぎのような仮説が浮かぶ。国家の主体は、権力者や民衆ではなく疫病そのものであり、国家とは、これを恐怖する人間の、ひとつの反動にすぎない、というものである。

疫病——脱領土的なもの

スサノオ

今西玄章や秋里籬島《あきざととう》が書き記し、近世から廃仏毀釈の時期に通説化していた興味深いエピソードがある。「四海掌握《しかい》の計策」により神社を次々に破却していた織田信長が、ただし牛頭天王《ごずてんのう》に神号を改めるならこれを赦《ゆる》したというのである。ここでは、信長の氏神が尾州津嶋神社の牛頭天王だったから、というのがその理由とされているが、もちろん、このエピソード自体が真偽不明だから、理由も当てにならない。

だが、神がかりを許さぬ合理主義者の信長と、例外的に認められた疫神牛頭天王の存在と、その両者の伝説的な結びつきには、ひとつの示唆が含まれているように思われる。すなわち、疫病の問題が、戦国期の領国的為政者の手には余っていたということ、さらにいえば、人間を超越する存在の合理的な必要性が、疫病に関しては戦国期にあっても認められていたことである。その他の神事はともかく、祇園御霊会だけは町衆の手で継続されたことにしても、疫病は、一度は失われた《国家》なる地平を再び思考するきっかけを与えるもの、という想定ができそうに思われる。しかし、結論を急ぐべきではない。

右の信長にまつわる当時の通説は、伴信友にも引用され（そもそも平田篤胤が牛頭天王の起源を仏教神話におく議論を俗説と斥《しりぞ》けていた）、神仏分離令において、祇園社、天王社の祀る牛頭天王はスサノオに変更、再編されている。牛頭天王をスサノオとする説は、鎌倉中期の『釈日本紀《しゃくにほんぎ》』に引かれた備後国風土記逸文にある（「吾は速須《はやす》佐雄《さのを》の神なり。後の世に疾気《えやみ》あらば……」）。スサノオは海山の神であり、流離《さすら》い越境する神であり、大国主命と並ぶ冥府の神である。京都の地名にいまも「悪王子」として名を残すスサノオの荒魂《あらみたま》は、疫病そのものであり、国家における疫病の重要性ととらえがたさとを同時に物語っている。

疫病は流行する。病原が細菌によるにせよ、ウイルスによるにせよ、人間の介在なしに疫病を考えることはできない。個々の病の原因をいかに人間以外の他者に——たとえば豚や鳥などの家畜に——同定しようと、[*7]疫病は人間的なものであるかぎりで固有の意味をもつ。いいかえれば、疫病の流行は、人間の交流と一体のものであり、移動し、他人と接触する人間の条件そのものが、疫病の真の根本的な原因である。その意味で、疫病はたしかにスサノオ的なものである。

逃走

生殖に関わる場面を除けば、あらゆる分野をまたがる全能性を発揮して、孤独な生を送ることが原理的に可能であるにもかかわらず、個々の人間は分業を選択し、集住することで全体を構築しようとする。そして需要に基づく分業の偏りにより、ときに足りないものを求めて他の集団との交流を行う――こうして経済活動が不可避的に発生する。こうした人間の歴史的な社会性に基づいて、疫病は拡散するのだから、疫病が攻撃しているのは、人間身体というよりも、人間の社会性それ自体である。この点をひとまず念頭においておこう。

さて、網野善彦は正元元年（一二五九）の飢饉《ききん》・疫病を記して、山野河海《さんやかかい》に山の幸・海の幸を求める人びとが殺到したことを特筆している。

山海への自由な立ち入りを抑えようとする地頭の制止を超えるほどの激しい勢いであった。もともと山野河海には、誰でも立ち入ることができたはずである。そこに境をたてて制約を加えようとするものに対する人びとの根強い反発が、この危機にあたって、にわかに表面化してきた。[*8]

鎌倉幕府は自由な立ち入りを認めるほかなかったという。

また一方で、山の民や海の民と天皇ないし神的なものの特権的な結びつきも、別の章で指摘されている。さらには、経済活動の活発化に伴う交通路の発展を語るなかで、通行権と天皇との、同じく特権的な関わりも指摘されている。関所は、御厨《みくりや》や禁野《きんや》などの天皇の直轄地、あるいは古代以来の国衙《こくが》の管理下に立てられたのである。

網野において、こうした天皇の「支配権」について、これを古代の遺制に淵源《えんげん》させる姿勢が顕著だが、われわれはこれを単純に肯定はできない。むしろ、土地と密接に結びつく形で展開された鎌倉期の武家社会が、土地を離れようとする人間の別の自然な衝動をかえって強調する結果をもたらし、そこに天皇の姿が改めて、事後的に発見されるという筋道で考えたほうが、実態としては妥当であろう[*9]。

つまり、古代以来の天皇の「支配権」、というほどの強固なものが想定できるわけではない。領域におよび、それどころか領域を形成しようとする中世における世俗の法あるいは地頭的なものの及ばぬ、脱領域的な世界に流離する人間を、法的なものの内部に収まり定住する人間から異化する不可侵の神聖な記号が、天皇だったというにすぎない。脱領域的な、すなわち個々の所領を横断する人間の自然な行動を管理する術《すべ》を、中世の法はもとより、古代の律令さえ、もちえないのである。

しかし、われわれはここに新たな問題を発見することができる。疫病流行の際の重要な逃走の場が山野河海であるとしても、そもそも疫病の流行自体が、土地からの離散に基づくという、ひとつの循環構造である。つまり中世的天皇の脱領域的な存立平面と、疫病の反社会的な存立平面とが一致しているのである。

古事記の上巻と中巻の分割が神と人間の分割に一致しているのは周知だが、中巻と下巻の区別が、純粋な人間が別の人間と交じり合う雑多な社会の誕生と一致しているのも周知である。仁徳帝の代に、初めて、皇族以外の女性である磐之媛命《いわのひめのみこと》をみずからの妻とする族外婚が成立したと記されている。奈良朝の史家は仁徳の時代に、複数の氏族の存在を前提する氏族社会の誕生を期待していたのである。

婚姻は一例にすぎない。支配する集団と支配される集団の関係に基づくにせよ[*10]、いくつかの共同体間でなされる交換にもとづくにせよ[*11]、他の国家に対して国家が成立するという弁証法的理解にせよ[*12]、国家において、こうした複数性を抱え込むことは、国家学説的には必須の存立条件になっている。つまり、均質な領国的なものだけでは国家を表現できないということだ。複数の項を束ねる抽象的な関係(ないし構造)に国家を見いだすことは、どこでもなされてきたが、この理解には、その延長上に抽象的な「想像の共同体[*13]」や「公共空間[*14]」を、あるいは項を束ねる主体である「主権」やそれを抽象的に仮構する法を想定する近代的な理解[*15]が見え隠れしている。

しかし、われわれには、これらの見解がにわかには首肯しがたいものに映る。というのは、こうした抽象的な関係が歴史的な具体性、すなわち《出会い》なしに一足飛びに成立するとは考えられないからである。存在と存在とをつなぐ旅なしの関係は、歴史的にはありえない。右のごとき理解は、雑多な状態から純粋な状態に回帰しようとする国家の傾向を説明できないし、また国家成立の手前にあって、出会いないし旅の可能性を――しかもこの可能性はアジールを見いだす反国家的なものでもある――抽象的な国家の内部に埋没させることでもある。関係に基づこうとする国家の国家主義的理解にあっては、その極薄の隙間で国家から流出しようとする潜勢的な力を取り出すことができないのである。

悪の力

小の三災──戦争・疫病・飢饉

疫病は、領土や所有の重力に囚われた為政者や学者が把捉しそこなってしまうような、つまり本質的に所有に結びついた法や制度を超える力である。疫病には──そしておそらく飢饉《ききん》や戦争にも──社会を変革する力がある。多大な犠牲を払いながら、その犠牲が、社会が日ごろ《善》に分配しているものに起因していることに気づかされ、人間はおのれの別の本質に触れざるをえないのだ。それは、関係を切断する孤独であり、定住に反対する流浪であり、所有や交換の欺瞞《ぎまん》を破壊する盗みである。平時には《悪》に分配されるこれらの人間的な営みが、非常時には積極的な力となる。

しかしそれらの多くのケースが、国家に──新しい国家に──帰結していくのもたしかである。歴史を遡れば、そもそも崇神天皇の伊勢神宮にせよ、聖武天皇の東大寺毘盧遮那仏《びるしゃなぶつ》にせよ、疫病に端を発して建立された。ひとは疫病のたびに、新しい神を創造し、国家を塗り替えた。むろん、その手前で、倭姫命《やまとひめのみこと》の旅が、行基の旅が、あったことを忘れてはならない。そこには国家の外へ出るための開口が準備されている。領土を超えていく力と、新たに訪れた土地を再び領土化する力の流れのなかに、国家はおそらく存在している。訪れた場所に印をつけてまわる——たとえば恐ろしい槍《やり》を大地に突き立てておく——所有は、法的なものではあるが、国家なる奇妙な運動体のすべてがそうした法的な営みに収まるわけではなく、おそらく法は下位区分にすぎないもの、真の運動の残滓《ざんし》あるいは偽装したものにすぎない。それにしても、国家が運動を繰り広げる舞台は、いったいどこにあるのだろうか。

仏教には「三災《さんさい》」なる概念がある。四、五世紀頃、世親《せしん》（ヴァスバンドゥ）の記した『阿毘達磨倶舎論《あびだつまくしゃろん》』（護法の『成唯識論《じょうゆいしきろん》』と並び、古来必修とされた）によれば、世界は成劫《じょう》（成立期）、住劫《じゅうこう》（存続期）、壊劫《えこう》（破壊期）、空劫《くうこう》（空漠期）を繰り返すとされ、刀兵（戦争）・疾疫・飢饉を小の三災と呼び、住劫にあって人間を滅ぼすものである（さらに大の三災として、壊劫において起こる火・水・風があり、これは器世間《きせけん》（環境世界）そのものを破壊する）。たとえば、源平合戦のさなか、寿永への一一八二年の改元も、「兵革・飢饉・疫疾」が原因であり、近世の貝原益軒も「多く人を殺すこと四あり」として、政治的な意思決定に基づく「刑」（死罪）に加えて、「兵」「歳」（飢饉）・「病」の三つを挙げていた。この三つの類縁性は、現実的にもひとに意識されていたといっていい[*16]。

俗に「唯識三年、倶舎《くしゃ》八年」といわれ、中世の史料にもしばしば登場する倶舎論の災害観が興味深いのは、大小の区分が自然と人間の区分でもある点である——といえば、かえって誤解を生む。ここでの自然も人間も、近代科学を介してわれわれが知った心身二元論に還元できるものではない。むしろ、自然の自然があり、人間の自然がある、といったほうが、前近代的な観点には近づくだろう。たとえば紀元前五世紀のヘーラクレイトスの自然観について語った二世紀の哲学者、セクストス・エンペイリコスの言葉、「シュンフィアー symphyia」に近いかもしれない。自然と人間とは連続する、というものだ。正しいひとの許で、大地は実り、木には実がなり、羊の毛は重くなる。不正な人間の許で、旱魃《かんばつ》に襲われ、疫病が蔓延《はびこ》り、ひとにも家畜にも子が生まれなくなる、というわけだ。

ともあれ、大小の三災は、宿業《しゅくごう》により避けられないという意味で、いずれも人間の自意識を超えている。火・水・風の三要素をもつ大の三災は、われわれのよく知る自然災害に相対的に近く（エンペドクレースが論じた四元素《リゾーマタ》、すなわち風火水に土を加えてかまわないなら、地震も想定するのが日本人にはなじみやすいだろうか）、ここでは問題にしない。それに対して、小の三災は明らかに人間に関わる。限られた食料とそれにあまる人間の数、という点を飢饉に認めるならば、すべて人間それ自身を災いと見なすことができる人間的な災害である。ヘーラクレイトスは「災火の炎を消さんよりは、驕慢《きょうまん》の炎を急ぎ消すべし」といったというが、彼のいいたいのは、災火の本質はむしろ人間のほうにある、ということだ。

人間的自然

『倶舎論』の言を信じるなら、この三つは連続して生じるという（刀兵は七日、疾疫は七か月七日、飢饉は七年七か月七日つづいて刀兵にもどる）。つまり、これらには、大の三災と区別できるなんらかの似通った点があり、すなわちそれが、人間自身が人間の敵として登場するという共通性である。あえてわかりやすくいえば、小の三災は、天災と人災のちょうどあいだにあり、われわれはその点に注目したいのである。この点について、しばらく考えてみよう。

自分自身ではどうにもならないにもかかわらず、原因が人間自身にあるとき、ひとは主体的な解決以外の解決に奔《はし》らざるをえなくなる。古代ギリシアの詩人はこれを「悲劇」といい、アナクシマンドロスのような哲学者は「必然の定め」といったが、それら運命に関わる概念に代えて、近代においては、「無意識」なるやや粗雑な概念が俎上《そじょう》に載せられた。そして、それと同じものが――正確にいえば、配置上同じものがずっと繊細なものに形を変えて――、前近代においては神や仏といわれた。つまり、人間ではどうにもならないにもかかわらず、人間がつくり出すという意味で、神や仏はこの困難の非‐解決をそのまま形にしたものである。それはおそらく、通時代的には、国家と呼ばれる。内なる自然――人間自身が人間の敵として登場するという、つまり善と悪の混淆状態《アマルガム》こそ、国家がたえず再生産されつづける舞台――というより、工場なのではないか、こうした仮説を考えることができるかもしれない。

永続すべき古い国家に亀裂を入れる三災の非常時にあって、貴重な力となる孤独や流浪、盗みといった《悪》を、しかしひとは恐れる。孤独を恐れて流浪し、流浪を恐れて孤独に引きこもる。盗みを恐れて独占するが、その当の独占がますます盗みの必要を生み出す。しかしこれは、きわめて先鋭化・過激化した形とはいえ、われわれの経済活動そのものではないだろうか？　日々の需要が死の恐怖に変わり、日々の供給が盗みに変わっただけのことだ。しかし――この逆接詞を三度つづけるが――、需要と恐怖、供給と盗み、これら同じものの異なる展開を明確に隔てる――つまりなにが善で、なにが悪なのかを審判する――分割線は、いったい誰が引くのだろうか？

もちろん、誰にも引くことはできない。引いたとしても、それはすべて恣意的なものにすぎない。この恣意性に国家を持ち出すべきだろうか。

否、それはできないだろう。それは現実的にも学問的にも政治的にも安易な解決であって、三災がもたらすアマルガムが求めているのは神であり、恣意性は神を表現できないし、そこでは、（古い）国家はなんの役にも立たないだろう。なにが善と悪とを、行為のアマルガムのなかから取り出し、それを決定するのだろうか。

死の経済

アブジェクシオン

たとえば一枚のマスクがある。この一枚の布切れが、ウイルスを防ぐと信じられているのだ。実際の効能は括弧に入れるとして、ひとがこれを欲するのは、「需要」からだろうか。それとも、「恐怖」からだろうか。

恐怖には、際限がない。かつてジュリア・クリステヴァは《アブジェクシオン》なる概念を提示していた。「おぞましきもの」ともいいかえられる、対象《オブジェクト》でも、主体《サブジェクト》でもない、この興味深い概念がよく示唆しているように、対象なき《アブジェクシオン》こそ、恐怖の実体、いうなれば反‐実体である。

異様なものがどっと、だしぬけに出現する。それは、暗い、忘却の淵に沈んだ生活のなかでは私にとって身近なものであったかもしれないが、完全に私から切り離され、忌まわしいものとなった今は、私を責め苛《さいな》む。それは自我でもなければエスでもない。だがまたゼロでもない。事物として私が認めない《何かあるもの》だ。*17

恐怖は、警戒や注意、関心と異なり、対象についてのきわめて非正確な、怪物的な非現実的対象を脳裏に思い描くことを、ひとに要請している（「汚物、屑《くず》、塵芥《じんかい》……痙攣《けいれん》や嘔吐《おうと》。汚穢《おわい》、掃きだめ、不浄……妥協、どっちつかず、裏切りの醜悪さ。……死体の分泌液、汚穢、糞便《ふんべん》……」[18]）。しかしその同じ恐怖は、現実の世界に自然史的な限界をもたないがゆえに、人間精神の現実的な行動を規定するもっとも巨大な可能性を、つまり《歴史》を、開示する。

この観点から、われわれ学者がときに泥《なず》んでいる貧しい経済決定論に、ひとつの批判を加えることができる。経済的な実体（生産物）と結びついた人間の欲望をいかに定量化し、計算可能なものにしたとしても、際限のない恐怖に端を発する純粋な記号作用であるアブジェクシオンの前では、マーケットはなんの役にも立たない。合理的なはずの計算は恐るべき現実の前に観念と化して吹き飛んでしまう。むしろ問題は、マルクスのいう唯物論の真の現実的基底としての、剥《む》き出しになった人間精神なのだ。

ここで作動しているのは、通常の経済ではない。死の恐怖に端を発する《死の経済》である。ひとはマスクが必要だからこれを欲すのではない。死を、限界を超えた彼方に遠ざけるという不可能な目標を達成するために、たんに欲するのであり、しかもいつまでたってもなくならないくらい、できるだけ多く確保しておきたいのであり、商品がなくなる、ということにしか、この欲望には歯止めがない。価格が跳ね上がり、マーケットはコントロールを失う。価格と連動するはずの供給では需要をコントロールできず、理性や道徳、さもなければ超自我に期待できそうもない。せいぜい、たんにひとびとの欲望――というよりも死の不安が収まるのを待つことくらいしかできないのではないか……。

恣意的な判断、たとえば一部にしか利益が行き届かないような判断は、かえって混乱を助長する。他人はともかく、自分は救われないかもしれないという感情にひとが取り憑《つ》かれることを、この恣意的な判断はかえって促進させる。

しかし、それは驚くべきことである。ふつう、ひとは、交通事故を起こす前提で車を運転したりしないし、ほかならぬ自分が隕石《いんせき》に当たって死ぬかもしれないという想定をしない。その可能性に怯《おび》えるよりも、その死を潜在的に受け容れることで生活をまっとうする生の経済が正常に作用している。悟性が、その極小の可能性に怯える自我を笑うのだ。

しかし人間精神に端を発する小の三災にあっては、まれな隕石に当たるかもしれない、その不運を心底恐れるのである。隕石に当たって死ぬほどの確率でしか対象をもたない、つまり雲ひとつない空を恐れるような、ほとんど際限のない不安である。大の三災という実体を有する災害の脅威よりも、ずっと奇妙な独り相撲が発生する。ひとは死を恐れて人を遠ざけ、そして死を恐れて同じ場所に殺到する。黒死病の時代にそうだったように、疫病が及んでいない土地があると知れば、多くの人間がその楽園を訪れて、そこを病原の培養地に変えてしまうだろう。[*19]

結局のところ、ひとの死生に初めから分割線を引こうとする恣意的な判断は、ここでは、ほかならぬ自分が死の側に割り振られるかもしれないという、際限のない不安を増幅させるのだから、古い国家の安易な審判は役に立たないどころか有害である。

全体的なもの

ひとは何を求めているのか――それは《全て》、善も悪も飲み込んでしまう《全体》である。そのためなら、疫病も、飢饉も、戦争も、許容しよう。三災のもたらす薄汚れたものが、穢《けが》れたものに格上げされる。[*20] 全員が救われねばならないという法外な考えを拭い去るほどの《全体》を示すことが、新たな神に求められている。二〇世紀的な数えないい統計学は、なんの役にも立たない。[*21] 必要なのは、世界を遍《あまね》く照らすアマテラスであり、やはり同じく世界のすべてを見渡す毘盧遮那仏《びるしやなぶつ》であり――毘盧遮那《ヴァイローチャナ》は光明遍照《こうみようへんじよう》を意味する――、人間の行動を数を数えるのと同じ仕方で逐一表のなかに組み込んでしまう一九世紀の古典統計学である（われわれは今日における新しい統計学、すなわち、AIに基づくビッグデータの活用を考えることができる。人工知能は、数えるだけで疲れてしまう二〇世紀の人間のする統計学ではない。すべてを数えてしまう、疲れを知らぬ人工知能のために、為政者の権力は人間の行動を数えられるものに変換すべく行使される。しかしそれも、新たな《全体》を実現するための、相も変わらぬ国家なるものの現代的なあらわれなのである）。

問題は《全体》である。人間には解決できない人間的な問題に対処するのは、神の仕事である。しかし神は死に、それらの仕事が人間の手に委ねられたときに、ひとはひとつの思想を捻《ひね》り出した。すなわち、《全体主義》である。神なきこの近代世界にあって、人間に許されている唯一の全体である。

大いなる神は死んだ／パンデミック

神の死

ローマ帝国二代皇帝ティベリウスの時代（在位一四～三七年）に、ギリシアからイタリアへ向かう一隻の船があった。船の舵取りをするのはエジプト人の男で、船客は彼を「パピルス」とか「ナイル人」などと呼んで笑っていた。船がエキーナデス諸島に近づいたとき、すでに日は落ち、風も凪《な》いでしまっていた。波もほとんどなく、音もない夜の海、黒い塊としかいいようのない島々のあいだを漂っていた船が、灯火もないパクソイ島のあたりに近づいたとき、島影のほうから「タームス！」という呼び声があがった。それは船の舵を取るエジプト人の名だった。船の者さえほとんど知らぬその名が呼ばれたことに、みな仰天した。恐怖のあまり、タームスは答えなかった。すると二度目の呼び声があった。それでも答えなかった。そして三度目、たまりかねて返事をした。するとまた声があがる。「汝《なんじ》、パローデスにおもむかば、『大いなる神は死せり《パーン・ホ・メガス・テトゥネーケ》』と報《しら》すべし」。やがてパローデスの港に近づいたとき、タームスは叫んだ。「大いなる神《パーン》は死せり」。たちまち岸からは驚きと嘆きの叫びが湧き起こった。この事件はローマで評判となり、タームスはティベリウス帝の前でことの次第を語ることになった……。

この奇妙な事件を、プルータルコスが書き留めてくれていた（『神託の衰微について』[*22]）。そのおかげで、われわれ人類は、「神の死」という、本来的にはありえないはずの主題を手にすることができ、ラブレーからパスカル、ニーチェに至るまで、多くの人文学者の空想と思考とをかき立ててきたのは周知である。ラブレーによれば、パーンとは牧神でもあり、「すべて」でもある。

別の説話も引いておこう。紀元前五世紀、シケリアー（シチリア）の哲学者にして詩人・政治家・宗教家・科学者など、さまざまな顔をもつエンペドクレースは、セリーヌースの町の疫病を鎮めて神と崇《あが》められた。彼は自分が神かどうかを確かめるため、アイトゥネー（エトゥナ）山の火口に身を投じて死んだという。この説話を書き留めたのは、ディオゲネース・ラーエルティオスの『哲学者列伝』である[*23]。

プルータルコスとディオゲネースとがそれぞれ書き記した二つの説話が、近代に入って重なり合い、ヘルダーリンの詩情をかき立て、ニーチェの思考を誘惑した。ニーチェの悲劇『エンペドクレース』の草案はこうだ。

「世界苦」にあえぐ人びとをペストが襲う。覆面《マスク》をしたエンペドクレースが参事会を訪れ、まず恐怖と同情とを禁じる。そして悲劇を上演することにより、ペストの鎮静化に成功する（「恐怖と同情とによるペストの伝染。対抗手段は悲劇」）。彼は神にまつり上げられ、ようやく民衆は落ち着きを取り戻す。だが、「世界苦」は収まらなかった。人間自身が原因だからだ。民衆に「同情」したエンペドクレースは、今度はパーンを殺害し、さらには民衆の「生存衝動」を絶滅させようとする。民衆は彼の許から逃げ去ってしまう。こうして神と民衆の殺害者となった（となろうとした？）エンペドクレースは、無限の罰に値すると感じ、贖罪《しょくざい》のため、エトゥナの火口に身を投じる。彼はそのとき、じつはすでに「再生の真理」の信奉者となっていた……*24。

それにしても、疫病とパーンとの不思議な結びつきは、最高級のものとはいえ、人文学的な頭脳のなかでだけ生じていた社会的にはとるに足らない個人に帰すべきものなのだろうか。「神の死」をたしかに経験したわれわれ近代人が、パーンの語を、部分なき全体的恐慌状態を意味するパニック panic や、疫病の世界的流行を意味する語、すなわちパンデミック pandemic に変えてしまったように、その結びつきは決して人文学者の単独的な頭脳の内部で生じたドラマというわけではない。むしろずっと広い、社会的なものである。そして実際、全体を見渡す神の叡慮《えいりよ》を喪失した人類に残された、唯一の全体である全体主義は、ひとを淡々と数え上げる学者や官僚の冷静な仕方ではなく、流行病のように広がったのだ。

誰かが主体というわけでも、誰かが原因というわけでもない。神がその名のもとにしまい込んでいた事物の輪郭がぼやけ、崩壊する。いまや、ピンポン球のような情動だけで、疫病は夜の闇を這《は》い進む。ただやみくもに、ひたすら世界大に蔓延《まんえん》することだけが目的であるかのような、主体なき社会病のなかにあって、不思議に国家の存立基盤は揺るがなかった。むしろ、それはますます鞏固《きょうこ》になった。その点だけから考えても、国家の諸問題を諸々の事件の主体や起点と見なす法的に定められた主権者に還元する大方の学者の見解が、いかに現実の分析とは異なる理想主義的なものか、さもなければ前近代的な神なる至高の主体を引きずったものにすぎないか、そのことを実証しているように思われる。

国家とは何か

理性は、醜い他者を愛せという。国家は、法的なものでも、暴力的なものでもなく、集住する――エンペドクレースの概念でいえば愛《ピリアー》によって、ニーチェの概念でいえば同情によって結合した――人間という種族にもたらされた、際限のない死の不安を独立変数とする一種の函数《かんすう》である。死の不安を払拭するためのいささか過剰な人間の防衛反応こそ《国家》なる表現の内容であって、国家はその死の遠ざけを実現する目的に即して、三つの手段、すなわち、神・家・軍隊をもつ。[*25] 愛《ピリアー》という人間の条件そのものが、憎悪《ネイコス》＝分離（ニーチェの概念なら恐怖）を促す不安の原因になる。小の三災において生じる愛と憎しみの無限循環《ループ》こそが、国家の法外な力の源である。

　そこで考えてみれば、ミシェル・フーコーの隔離・検疫国家論[*26]に対して、若干の、部分的な批判を加えなければならないのかもしれない。疫病の完全な押さえ込みに成功しそうにみえた例外的な時代の論理として、強制的な隔離ないし規律《ディシプリン》に依拠した公衆衛生に基づく領域国家の建設は、たしかにかなりの現実味をもっていたし、特定の時期にかぎった近代国家論としては、説得力を積極的に認めていい。また、社会の際限のない医療化は、健康と病気の境界を一掃し、個人に対する診断の権利を自在かつ一方的に駆使する生政治《せいせいじ》的権力を生み出したのも確かである。さらには、生命の歴史を蓄積した遺伝子に対する今日の社会医療のアプローチは、生命現象それ自体への国家の介入という新たな事態を生んでいるのも確かなことである。

だが、原理的には、スサノオの被ったごとき遠ざけ（追放）はありえ、また接近（恩赦）はありえても、国家内部での隔離・あるいはその延長上に築かれた公衆衛生の観念は、その永続がきわめて困難な、疫病の撲滅が前提の一時的な状態にすぎない。国家は、おのれのために、醜いもの、不潔なもの、汚穢《おわい》を、むしろ必要としている。街中が殺菌され、表向きは清潔な世界が実現すればするほど、じつは至る所に残された汚穢が国家にとって貴重なものとなる。疫病を前提に、つかず離れず、ほんの数メートルの動的な検疫警戒線を張りめぐらせ、扇の仲骨《なかぼね》の隙間から下々を眺めるがごとき、土地に格子状の網の目を敷く社会的距離《ソーシャル・ディスタンス》戦略こそ、国家がおのれを貫徹する本質的な手段であり、人間の移動頻度・量の世界大の増大と移動経路の重要性の増大は、かえって領域国家の可能性を縮小させる。前近代的な「道」の概念が再び国家的な問題群と重なる可能性が増す一方で、「道」に結びついたテクノロジーが、やはりフーコーのいう生政治を規律権力とはもっと別の形で激化させる可能性を高めているといっていい。

また、ハンナ・アーレントの「全体主義」概念についても、やはり若干の批判を加えなければならないだろうか。[*27] アーレントが、全体主義について、これを、敵に対する憎悪を必要とするナチズムと区別しなかったのは周知だが、それだけではない。[*28] 愛《ピリアー》そのものが憎悪《ネイコス》の原因であるとき、単に憎悪すべきものを遠ざけるだけで解決にならないのは当然だが、そうはいっても、その課題に個々人で対処することはほとんど不可能である。身体的な追放が不可能であるか、さもなければみずから憎悪する対象から離れる逃走が不可能であれば、愛憎入り混じる他者との苦痛な同居よりも、対象を記憶から愛憎ごと消し去る精神的追放を選ぶだろう。精神的追放――要するに忘却であり、ここでは忘却はひとつの力なのである[*29]（「おぞましきもの《アブジェクト》とは、彼からすればさしずめ間断なく脳裏をよぎる忘却の大地である」[*30]）。

ひるがえって、愛と憎悪とが同じひとつの領土に同居する混沌《こんとん》とした状況に答えられるのは、つまり汚穢にひとつの経済＝家的な可能性を見つけられるのは、ほとんど国家だけなのだ。『平家物語』のごとき、敗者の魂を鎮める叙事詩を必要とするのはむしろ国家なのであって（むろん、この物語は、敗者の魂に再び火を付けるべく逆撫《さかな》でにしていると解釈することもできる）、隔離された被差別民たちから力を得ていた後醍醐天皇を考えてみるだけでも、われわれは国家について、まったく新しい考えを要求されていることを認めなければならない。

このとき国家に求められているのは、憎悪すべき対象の隔離ではないし、愛と憎とを選り分けることでもない。平田篤胤が神々の垢《あか》にすぎぬ禍津日神《まがつびのかみ》に浄化の女神である瀬織津姫《せおりつひめ》と同じ役割を与え、幽冥《かくりよ》にも顕明《あらわに》と同じ現世《うつしよ》という場所を与えたように、[*31] 愛も憎もすべて包み込む際限のない風呂敷、西田幾多郎なら無の場所とでもいうべき、固有性のいっさいを欠いた《全体《パーン》》である。批判するにせよ、そうでないにせよ、われわれは全体を必要とし、古い国家を裏切る新しくもおぞましいその可能性のなかに、とどまらねばならないときがあるのである。

結論

際限のない不安に対処する手段をもっているのは、いまや国家だけであり、またそのような存在として、国家は要請される。

たとえば死の経済に関して具体的にいえば、前近代であれば古代以来の「あきかえし」に基づく、飢《き》饉《きん》や疫病のさなかにたびたび出された中世の《徳政》の宣言であり、近代でいえばとくに戦争に際してなされた《国債》の発行である。[*32] 無には無を——際限のない恐怖に対して〝無〟をあてがうこれらの営為は、きわめつけの言表行為として、絶えず対応する一次史料を求める実証主義者や証拠《エヴィデンス》なしには行動できない現代の鈍重な官僚が驚くような、あるいはマルクスがほとんどインチキ呼ばわりしたような、無から有を生み出す奇妙な《文学》的可能性を秘めている。

だが、本当は奇妙でもなんでもない。なぜなら、そもそも不安には、具体的な実体が存在しないからである。むしろ奇妙なのは、意味を欠いた浮遊する記号のごとき、実体なしの経済行為それ自体であって、死の不安という徹頭徹尾精神的なものが、実際に人間の歴史を支配してきたというそのことである。

大方の経済学が想定しているような、一方に実体経済を前提とする、ひとびとの日常的な欲望の形づくる市場に依拠した均衡とはまるで異なる、死の不安を端緒とする国家と、通貨発行権を独占する国家が非常時に発行する国債のつくるより巨大な循環は、日常的な均衡に対してのちのちまで続く影響——ほとんどの場合にむしろ経済を活性化させる——をもたらしつつも、経済上の諸問題を強制的に解決できることがある。

もちろん、〝無〟は、いつでも働くというわけではない。むしろそうした瞬間は稀有《けう》である。だが、人間への恐怖が人間を結合させる独特な配置が実現したとき——いいかえれば、愛と憎とが短絡《ショート》する矛盾のなかで、忽然《こつぜん》と——すなわち〝無〟から、国家が姿を現す。

たとえば応仁の乱の時期の天皇身体は、まさしくアブジェクシオンとして、神の腐る能力を白日の下にさらしたが、この嫌悪すべき汚穢《おわい》に塗《まみ》れた神を再発見した秀吉による新しい全体化のプロジェクトこそ、近世国家を誕生させたと考えていい（周知のとおり、秀吉は京都の東山に、いまは跡形も残っていない大仏を建立したが、再建を繰り返したこの大仏は滅亡のときまで、豊臣家の天下を象徴する宿願だった）。

また、平田篤胤のごときこの世の死を発見する禍津日神《まがつひのかみ》＝瀬織津姫《せおりつひめ》の称揚、すなわち汚れの穢《よご》れへの格上げ、美と醜の混濁は、西田幾多郎の「無の場所」まで一線上に展開された近代における全体化《けが》、すなわち日本的な近代国家の未完のプロジェクトなのである。

別の観点を交えていいえば、唯一の王／神から民衆に至る主体の歴史、理性的主体の形成史に近代化の物語を想定する、誰が主権者なのか、というおなじみの問いではなく、いったい、どういう《全体》が可能なのか、という問いを、国家に対して問うべきなのであり、おそらく疫病を含む三災は、この問いを顕在化させるのだ（たとえば「国民精神総動員運動」がそうだ）。つまり国家の歴史とは、その糾弾がきわめて容易な、限られた利権者の歴史ではなく、時代時代の全体化の問いに答える多様な努力の総体なのである。

こうした試みは、絶えず内なる敵を必要とし[*33]、しかもそれを監視し、追跡し、排除しようとし続ける流れに寄り添うかぎりでしか存在できないナチズムとは、一線を画している。もちろん、全体主義が人間のものでしかないこと、すなわち主義にすぎないことにより、結果として汚穢を隠蔽する厄介な傾向をもつのを無視することはできない。そのことは、たしかにナチズムに必要な敵を準備していると考えることができるし、ほとんど裏腹な活動に堕落することもあるとはいえ、やはり、両者は区別されなければならないものである。ニーチェの言葉を借りるなら、そこでは「おお敵よ、敵がいない」のである[*34]。

＊

それにしても、国家の領域は広大である。われわれが通常、国家に配分している領域は、多めに見積もっても、せいぜい社会というにすぎないし、あるいはそれよりもはるかに小さな、何人かの為政者たちからなる会議体を指していうにすぎない。多くの場合に、国家よりも社会のほうが大きな概念だと考えられているのである。だが、国家は、社会がふだん《忘却の大地》に除《の》けているものにも宿り、広がっている。そこは疫病と飢饉と、そして戦争とで充満した死のエリアである。これら汚穢の面倒をみるのは国家なのだ。忘却の大地について、われわれはその広がりを純粋に考えることが本質的に不可能なのだから、その大きさは想像を絶しているし、意識して遠ざけられるものでもない。したがって、われわれが記憶の情念から出るのが容易ではない以上に、国家の外に出るのは容易ではない。疫病は、国家の不可避性を示す最良の事例のひとつなのである。

しかし、そうであるがゆえに、どうしてもひとつの可能性が残されていることになる。それは、アブジェクト《おぞましきもの》それ自体としての、自己である。

クリステヴァは、自我に対しては対象をあてがい、超自我に対してはアブジェクトをあてがっていた[*35]が、アブジェクトはその位置に終始とどまっているのでは決してないように思われる。われわれにはかえって、アブジェクトは唯一の許されたナルシシズムであるように思われるのだ。

ひとは誰もが、おのれのなかに、スサノオ《おぞましきもの》を飼っている。神の洟水《はなみず》の一滴の飛沫にすぎない、死んだ妻への悲しみの涙を出自とする姉や兄にひきかえ、兄弟のなかでもっとも醜い出自をもつスサノオは、しかしだからこそ、母に抱く近親相姦の欲望とともに――それはむろん、ナルシシズムの発生地点ともいえる――、おのれを愛する動機をもった唯一の子である。国家はこの醜いスサノオをさえ赦《ゆる》すだろうし、いずれ帰還を認めることになるだろう。こうして国家は、何度も越境を試みるスサノオ的なものを調教し、いつでも再捕獲できると豪語してみせる。

歴史を振り返ってみると、実際、その試みはほとんどの場合に成功するかにみえるのだが、にもかかわらず、われわれはそこから逃げ続けることができるだろう。アブジェクトを嫌悪し、やがて恐怖し、ついにそこから逃げ出したはずのわれわれのほうが、アブジェクトだとしたら？

醜い母と醜いおのれとを愛するスサノオ――汚穢に塗れた死を「必然の定め」と受け容れる準備のある人間にとっては、その可能性は、常に自己に対して開かれている。今度はわれわれ自身が、おぞましい《悪の力》になりかわって、社会的距離《ソーシャル・ディスタンス》の格子を縦横に張りめぐらせる国家から逃げなければならないのである。[*36]

*1 折口信夫「大嘗祭の本義」『折口信夫全集』第三巻、中央公論社、一九九五年。大嘗祭については、岡田精司「大王就任儀礼の原形とその展開」岩井忠熊・岡田精司編『天皇代替り儀式の歴史的展開—即位儀と大嘗祭』柏書房、一九八九年、岡田莊司「大嘗祭—〝真床覆衾〟論と寝座の意味」『國學院雑誌』九〇―一二、一九八九年一二月など。

*2 林屋辰三郎『京都』岩波新書、一九六二年、『町衆—京都における「市民」形成史』中公新書、一九六四年ほか。

*3 脇田晴子『中世京都と祇園祭—疫神と都市の生活』中公新書、一九九九年。

*4 川嶋将生『町衆のまち—京都』柳原書店、一九七六年、『祇園祭—祝祭の京都』吉川弘文館、二〇一〇年。

*5 五島邦治『京都町共同体成立史の研究』岩田書院、二〇〇四年。

*6 河内将芳『祇園祭と戦国京都』角川学芸出版、二〇〇七年。

*7 ジャレド・ダイアモンド（倉骨彰訳）『銃・病原菌・鉄』（上・下巻）草思社、二〇一二年。

*8 網野善彦『蒙古襲来』小学館、二〇〇〇年、八〇頁。

*9 ジル・ドゥルーズとフェリックス・ガタリが規定した「領土化」「脱領土化」「再領土化」の流れを参照することができる。同『千のプラトー—資本主義と分裂症』（宇野邦一ほか訳、河出文庫、二〇一〇年）を参照のこと。

*10 フリードリヒ・エンゲルス（戸原四郎訳）『家族・私有財産・国家の起源』岩波文庫、一九六五年。

*11 柄谷行人『トランスクリティーク—カントとマルクス』批評空間、二〇〇一年、『世界史の構造』岩波書店、二〇一〇年。

*12 G・W・F・ヘーゲル（藤野渉・赤沢正敏訳）『法の哲学』中公クラシックス、二〇〇一年。

*13 ベネディクト・アンダーソン（白石隆・白石さや訳）『定本　想像の共同体—ナショナリズムの起源と流行』書籍工房早山、二〇〇七年。

*14 ユルゲン・ハバーマス（細谷貞雄・山田正行訳）『公共性の構造転換—市民社会の一カテゴリーについての探究』未来社、一九九四年、（三島憲一訳）『近代—未完のプロジェクト』岩波現代文庫、二〇〇〇年。

*15 マックス・ヴェーバー（濱嶋朗訳）『権力と支配』講談社学術文庫、二〇一二年。

*16 三災に注目した初期の決定的な研究として、藤木久志『飢餓と戦争の戦国を行く』（朝日新聞社、二〇〇一年）がある。同書はとりわけ自然災害と政治の関わりを述べたものだが、本文でも述べるように、本章は、三災が、外的な環境が歴史を決定する環境決定論としての天災というよりも、人災と天災の《あいだ》にある点に注目している。

*17 ジュリア・クリステヴァ（枝川昌雄訳）『恐怖の権力—アブジェクシオン試論』法政大学出版局、一九八四年、

四頁。

＊18 前掲注17『恐怖の権力―アブジェクシオン試論』、五―六頁。

＊19 黒死病について、筆者は「死の記憶―もうひとつの近代」(『日本史の方法』第一〇号、二〇一三年)で考察したことがある。

＊20 穢れたものと権力の結びつきを語る前近代の論考は多いが、たとえば丹生谷哲一『増補検非違使―中世のけがれと権力』平凡社ライブラリー、二〇〇八年など。ただし、われわれが問題にするのは、どちらかといえば、神聖さを帯びた穢れ以前の「汚れ」であり、汚れが穢れに至る流れのほうである。

＊21 統計学について、筆者は『精神の歴史』(有志社、二〇〇九年)、「統計から貨幣へ―近代国家の歴史的変遷について」(『人文学の正午』第二号、二〇一一年)で考察したことがある。問題は、悉皆調査を基礎とする一九世紀の社会統計学であり、これらはとりわけドイツで「国家学」と呼ばれていたものである。

＊22 プルタルコス(丸橋裕訳)「神託の衰微について」『モラリア5』京都大学出版会、二〇〇九年。

＊23 ディオゲネス・ラエルティオス(加来彰俊訳)『ギリシア哲学者列伝』下巻、岩波文庫、一九九四年。

＊24 フリードリヒ・ニーチェ(原佑・吉沢伝三郎訳)『生成の無垢　上』ニーチェ全集別巻三、ちくま学芸文庫、一九九四年、七〇七―七一五頁。

＊25 神・家・軍隊という国家の三要素については、「国家について―その人間的条件と近代社会」(『歴史評論』八三八号、二〇二〇年二月)で不十分ながら論じている。そこでの考察をごく大雑把な形でまとめておけば、国家に帰結する死の不安について、ひとはこれを三つに分析することができる。ひとつは文字通り死ぬことそれ自体への不安であり、ひとつは生殖による種の持続可能性を欠いた孤独の不安であり、そしてもうひとつは暴力に対する不安である。死の不安に対しては神を、孤独の不安に対しては家を、暴力に対する不安には警察や法、軍隊を拵えて、ひとはそれに過剰に備えたのである。本章は、その続編として書かれたものと考えることができる。

＊26 ミシェル・フーコー(小倉孝誠訳)「社会医学の誕生」『ミッシェル・フーコー思考集成Ⅵ　セクシュアリテ／真理』筑摩書房、二〇〇〇年。

＊27 ハンナ・アーレント(大久保和郎訳)『新版全体主義の起源』全三巻、みすず書房、二〇一七年。

＊28 前掲注9『千のプラトー―資本主義と分裂症』

＊29 ハンナ・アーレントは『責任と判断』(中山元訳、ちくま学芸文庫、二〇一六年)のなかで、「忘却の穴」について、以下のように論じている。「全体主義の政府が発見したことの一つに、巨大な穴を掘って、そこに歓迎

できない事実と出来事を放り込んで埋めてしまうという方法があります。これは、過去において行為者であったか、過去の事実の承認であった数百万人の人々を殺戮することによってしか実現できない一大事業です。過去はまるでなかったかのように、忘れ去るべきものとされているのです」（四八四頁）。しかしわれわれは、むしろ逆のことを考えるだろう。全体主義とは、ひとが忘れ去ろうとしているものまで記憶しようとする努力の総体である、と。嫌悪すべき記憶を唾棄することも含めて、人間の自然な忘却を否定することはできない以上、忘却それ自身の遠ざけ＝アウフヘーベンは、国家の仕事となるほかなく、やはりここでも、ナチズムと全体主義国家は区別すべきと、われわれは考える。

＊30 前掲注17『恐怖の権力―アブジェクシオン試論』、一三―一四頁。

＊31 平田篤胤『霊の真柱』岩波文庫、一九九八年。

＊32 徳政については、いうまでもなく笠松宏至の優れた研究（『徳政令―中世の法と慣習』岩波新書、一九八三年）があるが、彼は、世に「前代未聞の御徳政」と呼ばれた亀山上皇の弘安徳政（一二八五年）について、「理屈から事実へ」という言葉で、法に先立つ事実を重視するものと理解している。文献と実態という二項を対立的に前提する歴史学者らしい意見だが、われわれはその理解に賛同しない。第一条にある「制を土風に取らば、還りてまた新符に煩いあるか、近くは寛元已後を以て、よろしくその鑑誡となすべし（いちいちローカルな慣習を顧慮しているわけにはいかぬから、寛元以後（父後嵯峨院の時の例）に則って一律施行せよ）」の一句、とくに「土風」を「理屈」と解したことで、そのような意見になっているのだが、おそらくそうではなく、徳政の宣言それ自体が徳政を意味する（言葉がそのまま現実となる）、徳政、あるいは〝あきかえし〟なるものの本質を法的に表現したもの（言表《エノンセ》）が、この冒頭の一句であると考えるべきだろう。

＊33 周知のとおり、カール・シュミットは『政治的なものの概念』（田中浩・原田武雄訳、未来社、一九七〇年）において、国家における敵の必要を強調していた。

＊34 フリードリヒ・ニーチェ（池尾健一訳）『人間的、あまりに人間的I』ニーチェ全集第五巻、ちくま学芸文庫、一九九四年、三四五頁。

おそらく、そうしていつの日か悦びの刻もまたやって来て、誰もがこう言うことだろう。

〝友たちよ、一人も友がいない！〟、死にゆく賢人はそう叫んでいた。

〝敵たちよ、一人も敵がいない！〟と、生ける狂人である私は叫ぶ。

「おお友よ、友がいない」というアリストテレスのものとされる言葉のニーチェ的変奏。無敵のニーチェ。これとカール・シュミットの友／敵区別を比較しつつ考察したものとして、ジャック・デリダ（鵜飼哲ほか訳）『友愛のポリティックス』（全二巻）、みすず書房、二〇〇三年がある。

＊35　前掲注17『恐怖の権力―アブジェクシオン試論』四頁。「私は尋ねてみたい。結局のところ、一体誰が自分をアブジェクトだと言い、アブジェクシオンの主体、あるいはアブジェクシオンの隷属者だと告白するのを受け入れるだろうか」（三一二頁）。

＊36　ジョルジュ・ルフェーブル（二宮宏之訳）『革命的群衆』岩波文庫、二〇〇七年。「革命的集合心性が意識の前面に現れるや否や、集合体は、人々を行動へと促すという意味において、とりわけ有効な作用を及ぼす。……彼らは、不安から逃れるために、行動へと急ぐのだ。つまりは、前へ逃げるのである」（六一―六二頁）。近年の日本では、「逃走」はドゥルーズ的な主題と受け取られているが、群衆 foule について思考した一九三〇年代の古典的な研究を無視することはできない（といっても、一九八〇年代の社会史ブームのなかで、よく参照されていたものである）。

〈**補記**〉

本章は『人文学の正午』第一〇号（二〇二〇年六月）所収の拙稿「疫病国家論――全体とおぞましきもの――」を加筆修正したものである。

第五章

新型コロナウイルス感染症対策の史的前提と専門家会議

西谷地 晴美

はじめに

一〇〇年に一度といわれる新型コロナウイルスパンデミックが世界を襲っていくなかで、日本はPCR検査数を抑えながらクラスター対策を強化することによって、それを乗り切ろうとした。時に日本モデルともいわれるこの新型コロナウイルス感染症対策については、いずれ歴史学によって総合的な評価を行わねばならないが、それはパンデミック終了後が望ましいだろう。パンデミックによる社会的・経済的・精神的な非常時が継続するなかで、同時並行的な政策評価がすでに行われはじめているが、[*1]パンデミックが終息して社会や経済が平時に復し、研究者の精神状態も非常時を脱して平時の精神を回復してからでなければ、一〇〇年に一度といわれる現在の非常時を歴史的に総括するのは難しいからだ。[*2]

この小論の目的は、その歴史的評価の基礎におかれるべき、日本の新型コロナウイルス感染症対策の史的前提を探ることにある。日本の対策を理解するには、もうすでに解散してしまった新型コロナウイルス感染症対策専門家会議（以下、専門家会議と表記する）の立ち上げの時期に視点を据えるのが重要であるが、その史的前提を考えるには、まず既存のコロナウイルス感染症であるSARSとMERSについて、整理をしておかねばならない。

SARSについて

古典的「隔離と検疫」

SARSについては、厚生労働省に属する国立感染症研究所のホームページに収録されている重松美加・岡部信彦「SARS（重症急性呼吸器症候群）とは」（二〇〇五年）というレポートが、おそらくもっとも簡潔で信頼できる内容である。[*3] ここでは、SARSの発生から世界保健機関（WHO）による終息宣言までの概要を記した箇所を引用しておこう（引用にあたり、数字は漢数字に変換している。以下同）。

SARSは二〇〇二年一一月一六日に、中国南部広東省で非定型性肺炎の患者が報告されたのに端を発し、北半球のインド以東のアジアとカナダを中心に、三二の地域や国々へ拡大した。中国では初期に三〇五人の患者（死亡例五人）が発生し、二〇〇三年三月の始めには旅行者を介してベトナムのハノイ市での院内感染や、香港での院内感染を引き起こした。同年三月一二日にWHOは、全世界に向けて異型肺炎の流行に関する注意喚起（Global Alert）を発し、本格的調査を開始した。三月一五日には、原因不明の重症呼吸器疾患として severe acute respiratory syndrome（ＳＡＲＳ）と名づけ、「世界規模の健康上の脅威」と位置づけ、異例の旅行勧告も発表した。二〇〇三年一二月三一日時点のデータによれば、報告症例数は、二〇〇二年一一月～二〇〇三年八月に中国を中心に八〇九六人で、うち七七四人が死亡している。一七〇七人（二一％）の医療従事者の感染が示すように、医療施設、介護施設などヒト－ヒトの接触が密な場合に、集団発生の可能性が高いことが確認されている。起因病原体特定のためのＷＨＯを中心とした各国の協力と、古典的「隔離と検疫」対策を用いて収束がはかられ、二〇〇三年四月一六日の新型のＳＡＲＳコロナウイルス（SARS-CoV）特定に続き、七月五日終息宣言が出された。

私がこの「ＳＡＲＳ（重症急性呼吸器症候群）とは」という記事に注目したのは、専門家会議の座長だった脇田隆字氏が国立感染症研究所の所長であり、そのホームページから取れる情報である点と、執筆者のひとりである岡部信彦氏が専門家会議のメンバーだったことによるが、ここで注意したいのは傍線を付した箇所、ＳＡＲＳが古典的「隔離と検疫」対策を用いて収束がはかられたと表記している点である。

なぜＳＡＲＳの対策は、現在の新型コロナウイルス感染症対策で日々耳にする「検査と隔離」ではなく、「隔離と検疫」だったのだろうか。感染症の専門家ならば自明の事柄であっても、私のような文系の歴史研究者には、すぐには理解が難しいところがある。この点に注意を払いながら、「SARS（重症急性呼吸器症候群）とは」に記されている本章に必要な要点を整理すれば、次のようになる。

病態と特徴

①二〇〇二年一一月一六日に中国南部広東省で報告されたのに端を発したSARSは、古典的「隔離と検疫」対策を用いて収束がはかられ、二〇〇三年四月一六日のSARSコロナウイルス（SARS-CoV）特定に続き、七月五日にWHOの終息宣言が出された。

②発症者の約八〇%は軽快し、およそ二〇%が重症化した。

③ヒトで感染源となるのは有症者だけで、現在までのところ発症前の患者が感染源となったという報告は確認されていない。

④潜伏期は二～一〇日、平均五日であるが、より長い潜伏期の報告もまれにはある。SARSの自然経過としては、発病第一週に発熱、悪寒戦慄、筋肉痛など、突然のインフルエンザ様の前駆症状で発症する。

⑤発症者の約八〇%はその後軽快するが、なかには急速に呼吸促迫と酸素飽和度の低下が進行し、ARDS（急性呼吸窮迫症候群）へ進行し死亡する例もある。約二〇%が集中治療を必要とする。

感染の伝播はおもに発症一〇日目前後をピークとし、発症第二週のあいだに起こる。
⑥ＳＡＲＳの致死率は感染者の年齢、基礎疾患、感染経路、曝露《ばくろ》したウイルスの量、国によって大きく異なる。全体としてはおよそ九・六％（二〇〇三年九月）と推計されているが、二四歳未満では一％未満、二五～四四歳で六％、四五～六四歳で一五％、六五歳以上で五〇％以上となっている。男性であること、基礎疾患の存在も高致死率のリスク因子とされている。ＳＡＲＳの可能性があると判断された人のうち、一〇～二〇％が呼吸不全などで重症化しているが、八〇～九〇％の人は発症後六～七日で軽快している。
⑦RT-PCR法は、SARS-CoVのＲＮＡを検出する迅速な検査法で、特異度も高いとされるが、感度が十分といえず、陰性結果がただちにＳＡＲＳの否定にはならない。病期によりウイルス排泄量が異なるため検出感度が影響され、発症後一〇日前後がもっとも高い。
⑧患者の早期検知と即時隔離、接触者の自宅隔離（検疫）以外には、とくに有効な予防措置はない。

以上の①～⑧の内容を丁寧に読んでいけばわかるように、ＳＡＲＳと現在の新型コロナウイルス感染症の病態とは、似ている点がとても多いが、当然大きく違っているところもある。ちなみに傍線を付した箇所が、ＳＡＲＳと現在の新型コロナウイルス感染症とで明白に相違している事例だが、③⑤⑦のそれ、すなわち発症前の患者はウイルスを他人に感染させず、感染させるピークやＰＣＲ検査によるウイルス検出感度のピークが、いずれも発症後一〇日前後である点は、現在の新型コロナウイルス感染症にはまったく当てはまらない。

ところで、SARSが古典的「隔離と検疫」対策を用いて収束がはかられた理由は、①にあるように、SARSコロナウイルスの遺伝子特定がなされてからWHOが終息宣言を出すまでの期間が、三か月もなかったためである。SARSの流行がはじまってから五か月間にわたって、ウイルスの遺伝子特定ができなかったために、PCR検査による感染者の確定はできなかった。可能だったのは、⑧にあるように、症例診断などによる患者の早期検知・即時隔離と、接触者の自宅隔離（検疫）という、まさに古典的な「隔離と検疫」対策のみであった。

ＭＥＲＳについて

概要と病態

それでは、ＭＥＲＳ（中東呼吸器症候群）はどうだったのか。

国立感染症研究所ホームページの「感染症情報」に掲載されている「中東呼吸器症候群（ＭＥＲＳ）とは」の記事はこうなっている。[*4]

二〇一二年九月二二日に英国よりＷＨＯに対し、中東へ渡航歴のある重症肺炎患者から後にMiddle East Respiratory Syndrome Coronavirus（ＭＥＲＳコロナウイルス）と命名される新種のコロナウイルス（以下、MERS-CoV）が分離されたとの報告があって以来、中東地域に居住または渡航歴のある者、あるいはＭＥＲＳ患者との接触歴のある者において、このウイルスによる中東呼吸器症候群（ＭＥＲＳ）の症例が継続的に報告され、医療施設や家族内等において限定的なヒト－ヒト感染が確認されている。

同様に国立感染症研究所のホームページに収録されている「中東呼吸器症候群（ＭＥＲＳ）」（IASR Vol. 36、二〇一五年一二月号）もみておこう。

中東呼吸器症候群（ＭＥＲＳ：Middle east respiratory syndrome）は、二〇一二年にサウジアラビアで初めて確認されたＭＥＲＳコロナウイルス（MERS-CoV）による急性呼吸器感染症である。MERS-CoV は二〇〇三年に中国で発生した重症急性呼吸器症候群コロナウイルス（SARS-CoV）と同じ、コロナウイルス科ベータウイルス属に属する。

MERS-CoV のヒトへの主な感染経路は飛沫感染や接触感染で、潜伏期間は二～一四日間（中央値五日）である。臨床症状は、軽症の上気道症状から肺炎などの下気道症状、下痢などの消化器症状、多臓器不全まで様々であり、無症候感染も認められる。重症例では発症から一週間前後に肺炎が増悪し、急性呼吸促迫症候群（ＡＲＤＳ）を併発し、急性呼吸不全や多臓器不全に陥る。報告された感染者における致命率は二〇～四〇％と高い。現在のところ、MERS-CoV に対する治療薬やワクチンは開発段階であり、ＭＥＲＳの対症療法についても確立されたものはない。

二一世紀型「検査と隔離」

以上の説明に明らかなように、ＭＥＲＳはＳＡＲＳの事例とは異なり、初めからそのＲＮＡ遺伝子配列がわかっていた。だから当初からＰＣＲ検査による感染者の検出が可能だった。傍線箇所にあるように、ＭＥＲＳに無症候感染が認められたのは、ＰＣＲ検査が実施できたためである。

これがＳＡＲＳ対策とＭＥＲＳ対策との、決定的な違いだった。ＳＡＲＳもＭＥＲＳも幸いなことに日本への伝播はなかったが、古典的「隔離と検疫」対策で乗り切ったＳＡＲＳ段階から、二一世紀型の「検査と隔離」対策が実施可能となったＭＥＲＳ段階へ、感染症対策のあり方が大きく進展していた点に注目しなければならない。

前述の「中東呼吸器症候群（ＭＥＲＳ）」によれば、「中東諸国以外の国で最大の報告数となった韓国での確定患者は、主に院内感染として発生しており、中東諸国への渡航歴のある一人の男性を発端に二〇一五年五月〜七月の間に一六の医療機関で計一八六例の症例が報告された」が、ＭＥＲＳ流行のときに韓国ができなかったのは、この「検査と隔離」の徹底であった。

新型コロナウイルス感染症と専門家会議

ＰＣＲ検査の準備

国立感染症研究所のホームページに収録されている脇田隆字「新型コロナウイルス（SARS-CoV-2）ＰＣＲ検査法の開発と支援の状況について」（二〇二〇年三月一一日）には、以下のような経緯が述べられている。

国立感染症研究所は、一月九日に中国疾病対策センター（ＣＣＤＣ）に対して、病原体の特徴、流行の状況、患者の症状など、本感染症に関する情報提供を依頼している。その翌日の一〇日に、本感染症の原因と考えられる新型コロナウイルス（SARS-CoV-2）の遺伝子配列が公表されると、ただちにウイルス遺伝子検査系の開発に着手し、一月二〇日に新型コロナウイルスを高感度に検出するための定型的なＰＣＲ検査法の開発を完了させた。二三日に厚生労働省から自治体に検査協力を依頼する事務連絡が発出され、中国の春節開始直前には新型コロナウイルスの行政検査が可能になっている。

このように、新型コロナウイルスは、中国以外の国では、流行がはじまる以前にウイルスの遺伝子配列がわかっており、ＭＥＲＳ流行のときと同様、初めからＰＣＲ検査が実施可能だった。日本で新型コロナウイルス感染症（COVID−19）が指定感染症として定められたのは一月二八日であり、二月三日に横浜港に到着したクルーズ船「ダイヤモンド・プリンセス号」では、有症者を中心に新型コロナウイルス検査が実施されている。

周知のように、韓国や中国、台湾は「検査と隔離」（二一世紀型感染症対策）を徹底させて、新型コロナウイルス感染症の流行を乗り切っていくが、日本はＰＣＲ検査数を抑制したいわゆる日本モデルの道を選択する。その総合的評価に関しては、「はじめに」で述べたように後日を期すことにしたいが、本章に必要な範囲でいくつかの指摘をしておこう。

専門家会議

まずは専門家会議である。専門家会議は、内閣に設置された新型コロナウイルス感染症対策本部の下で、医学的な見地から適切な助言を行うことを目的として、二〇二〇年二月一四日に設置された。専門家会議の構成は、国立感染症研究所所長の脇田隆字氏を座長に据え、副座長が尾身茂氏（独立行政法人地域医療機能推進機構理事長）、構成員は岡部信彦氏（川崎市健康安全研究所所長）や押谷仁氏（東北大学大学院医学系研究科微生物分野教授）など一〇名である。

この専門家会議のメンバーは、すでに存在していた新型インフルエンザ専門家会議の医者・感染症研究者が、ほとんどそのまま移行する形で選ばれている。そのメンバーのなかで、過去に出現した二つのコロナウイルス感染症であるＳＡＲＳやＭＥＲＳとなんらかの形で関わりをもっていたのは、尾身茂氏・押谷仁氏・岡部信彦氏の三名だけだった。

尾身氏は世界保健機関（ＷＨＯ）の西太平洋地域事務局長のときにＳＡＲＳを経験し、押谷氏も西太平洋地域事務局で感染症対策アドバイザーとしてＳＡＲＳ対策にあたり、岡部氏はすでに紹介したように「ＳＡＲＳ（重症急性呼吸器症候群）とは」という簡潔なレポートを二〇〇五年にまとめている。

「検査と隔離」という二一世紀型感染症対策が可能となったＭＥＲＳの経験者は、専門家会議には存在せず、古典的な「隔離と検疫」対策がとられたＳＡＲＳの経験者や関係者が数名含まれていたというのが、専門家会議の姿であった。押谷氏が推進したクラスター対策は、古典的な濃厚接触者対策にＰＣＲ検査を組み込むことでレベルアップが図られているが、ＷＨＯが強く推奨して世界で実施されていく大規模な「検査と隔離」政策を、日本政府や専門家会議、あるいは厚生労働省がめざした形跡はない。[*5]

たとえば二月二四日に開催された第三回専門家会議は、「新型コロナウイルス感染症対策の基本方針の具体化に向けた見解」を発表し、ＰＣＲ検査について次のように述べている。[*6]

ＰＣＲ検査は、現状では、新型コロナウイルスを検出できる唯一の検査法であり、必要とされる場合に適切に実施する必要があります。国内で感染が進行している現在、感染症を予防する政策の観点からは、全ての人にＰＣＲ検査をすることは、このウイルスの対策として有効ではありません。また、既に産官学が懸命に努力していますが、設備や人員の制約のため、全ての人にＰＣＲ検査をすることはできません。急激な感染拡大に備え、限られたＰＣＲ検査の資源を、重症化のおそれがある方の検査のために集中させる必要があると考えます。

傍線を付したように、日本中の「全ての人」を対象とするＰＣＲ検査が、感染予防の面で有効性をもたないとしても、感染者を早期に発見して隔離していく必要がある感染症対策において、ＰＣＲ検査の重要性を専門家会議がどのように判断したのかについては、この「見解」からは読み取れない。*7

厚生労働省

二つ目は厚生労働省と専門家会議との関係である。この点は、流行当初に決定された日本の新型コロナウイルス感染症対策の背景を考えるうえで、重要になると思われる。

ここでは、「風邪の症状や三七・五℃以上の発熱が四日以上続く」場合に、都道府県の帰国者・接触者相談センターへの相談を国民に求め、のちに社会問題化した「相談・受診の目安」を取り上げておこう。二月一六日の第一回専門家会議資料によれば、この「相談・受診の目安」の大半は、厚生労働省健康局結核感染症課があらかじめ作成したものである。[*8] 世間に示された「相談・受診の目安」は、健康局結核感染症課が作成して第一回専門家会議に提示した「議論の方向性等」と題する資料に含まれていた原案に、専門家会議の議論内容が若干反映されたものにすぎない。

周知のように、厚生労働省には医師免許を有する医系技官が約三〇〇人（本省内は約一七〇人）存在し、二〇一七年以降は事務次官級の医務技監が彼らを率いる構造になっている。厚生労働省ホームページに収録されている「厚生労働省組織図」によれば、健康局も結核感染症課も、「医系技官が局長・部長・課長・室長である部局」である。第一回専門家会議において、「相談・受診の目安」だけでなく、会議そのものの「議論の方向性等」の資料を作成したのは、健康局の医系技官集団だった。日本の新型コロナウイルス感染症対策の大枠を決めてきたのは、なにかと目立つ立場にあった専門家会議ではなく、厚生労働省健康局の医系技官集団である点については、注意を払っておくべきだろう。

油断——むすびにかえて

ＳＡＲＳ、ＭＥＲＳ、新型コロナウイルス感染症と専門家会議について、日本の新型コロナウイルス感染症対策の史的前提を探る作業を行ってきた。この小論を閉じるにあたり、当初の専門家会議やその議事決定過程に存在したと想定できる、ある種の油断について触れておきたい。

ここで取り上げるのは、尾身茂氏・脇田隆字氏・押谷仁氏による二月二六日の座談会記録である。[*9] 二月二四日に第三回目の専門家会議があり、それに基づいて翌二五日に政府の新型コロナウイルス感染症対策本部が「新型コロナウイルス感染症対策の基本方針」を出しているが、この座談会はその翌日に行われたものである。

私事になって恐縮だが、五月からはじまった奈良女子大学の講義で、受講生に現在進行中の新型コロナウイルス問題を説明するために、書店で適切な資料を探していたとき、この座談会記録を見つけて読みはじめた私は、すぐに絶句した。その座談会記録は、脇田隆字氏の次のような発言からはじまっていたからである。

——今回の疾病の特徴をどう見ていますか。

脇田　今回のコロナウイルス感染症は人類が初めて経験する感染症です。遺伝子の性質上はSARS（重症急性呼吸器症候群）に非常に近いが、感染した人が全員重症になるわけではないという点がSARSと異なります。中国が二月中旬に出した四万人程度の症例報告では、八割は軽症者で一五％は肺炎になり、残り五％は集中治療室での治療が必要とされています。非常に幅広い病態があり、そのことがこの病気の封じ込めをとても難しくしています。

私が絶句したのは、傍線を付した箇所である。本章ですでに紹介したように、SARSは決して感染者全員が重症になる感染症ではなく、発症者の約八〇％は軽快し、およそ二〇％が重症化したことが判明している。このような専門性の高い座談会記録は、出版前に本人の校正を必ず経ているから、脇田氏は二月二六日の座談会当日だけでなく、その後にみずから行った校正段階においても、SARSと新型コロナウイルス感染症（COVID–19）との病態の近似性を知らなかったことになる。

平時ならば、国立感染症研究所の所長が自分の専門と異なるSARSの病態を知らなかったり、そのホームページに掲載されている「SARS（重症急性呼吸器症候群）とは」という優秀なレポートを読んでいなかったとしても、なんら不思議なことではない。[*10] それによって研究所の運営に、なにか問題が起きることもないはずだ。だから平時ならば、脇田氏の誤った発言をここでわざわざ取り上げる必要はないだろう。しかし脇田氏は、国家の非常時に設けられた専門家会議の座長である。しかも座談会の場には、ＷＨＯの西太平洋地域事務局でＳＡＲＳ対策に関与した尾身氏や押谷氏もいた。これはいったいどういうことなのだろうか。

ここで脇田氏の不勉強をなじるのは、正しい歴史の見方ではないだろう。前掲の脇田氏の発言にあるように、「中国が二月中旬に出した四万人程度の症例報告」の整理に忙殺されていた可能性もあるからだ。だからそんなことよりはるかに重要なのは、この誤った座長発言が存在しえた専門家会議の存在理由と存立条件であり、鈴木康裕医務技監の率いる厚生労働省医系技官集団が構築した新型コロナウイルス感染症対策の当否であり、その新型コロナウイルス感染症対策の当初における意志決定の構図である。その解明はおよそ私の手に余るが、この脇田座長の発言の誤りは、日本の新型コロナウイルス感染症対策に、その初めから何か大きな油断や陥穽《かんせい》があった事実を暗示しているように思われる。

＊1　たとえば『検証　日本モデル』(ニューズウィーク日本版、二〇二〇年六月九日号）など。
＊2　巨大災害に直面した人間の精神状態が通常のそれと異なっている点については、レベッカ・ソルニット『災害ユートピア――なぜそのとき特別な共同体が立ち上がるのか』(亜紀書房、二〇一〇年）などの研究によって明らかになっている。一国規模あるいは世界規模の非常時に直面した人間の精神状態が、平時の精神状態からどのように変質しているのかについては、戦争に直面した国民の精神構造に関する研究はあるものの、ほかのさまざまな非常時については、まだほとんど解明されていない。
＊3　国立感染症研究所ホームページの「感染症情報」に掲載されている。出典は『ＩＤＷＲ』二〇〇五年第六号。
＊4　「中東呼吸器症候群（ＭＥＲＳ）とは」の内容は、「ＳＡＲＳ（重症急性呼吸器症候群）とは」に比べてきわめて簡素で、ここに引用したものがそのすべてである。
＊5　ＳＡＲＳ対策を古典的「隔離と検疫」対策と評した岡部信彦氏が、日本の新型コロナ感染症対策をどのように評価しているのかは興味ある点である。
＊6　首相官邸ホームページの「新型コロナウイルス感染症対策本部」に収録されている。
＊7　すでにインフルエンザの診断として広く抗原検査が実施されているが、それは患者を発見して隔離するためではなく、タミフルやリレンザなどのインフルエンザ治療薬を処方するためである。そもそも治療薬がない新型コロナウイルス感染症に対して、専門家会議のメンバーや厚生労働省が、ＰＣＲ検査の役割や重要性を当初どのように判断していたのかも知りたい点である。
＊8　前掲注6「新型コロナウイルス感染症対策本部」。
＊9　「私たちはどう闘うか　座談会：専門家会議メンバーが語る日本の戦略」別冊日経サイエンス『感染症　ウイルス・細菌との闘い』二〇二〇年四月。
＊10　脇田隆字氏の専門はＣ型肝炎ウイルスの研究である。

コラム1◉大学、専門家養成システムの衰弱――森有礼の呪い

　多くの国民はそんなことに関心はないかもしれないが、今日本の抱える危機のひとつに、多くの若者が専門家をめざさないということがある。多くの大学で大学院進学者がどんどん減っている。イノベーションによる科学技術立国を叫ぶ安倍および安倍後継内閣にとっては、ブラックユーモアのような現実が進行している。

　そこへもってきて今回のコロナ禍だ。専門家の値打ちがまた下がった。今度もまた専門家志望の学生は減るだろう。「専門家会議」や「分科会」に集い、この国の新型コロナウイルス対応をリードしている専門家が、専門家らしからぬ政治的柔軟性を発揮し過ぎるからである。

　西谷地氏の論考（第五章参照）に明らかなように、今や感染症対策は「検疫し隔離する」時代から「検査し隔離する」時代へと移った。しかし、ＰＣＲ検査数を増やしたくない厚生労働省や全国の保健所関係者の意向を受けて、彼らはまるで増やさないことが正しいことであるかのような論陣をはっている。三七度五分以上の発熱が四日以上続かないと、ＰＣＲ検査を受けられないようにしたのも彼らだ。

　Go To Travel キャンペーンがはじまると、感染症対策と景気対策の両立こそが今の段階の大義だとばかりに、それに寄り添った。その結果、沖縄において急激な感染拡大が起きた

ことには、どう責任をとるのだろうか。このままでは、政府の求めに応じて情報を操作するのが専門家の仕事、という印象が定着してしまう。専門家人気の低下は加速されるだろう。しかし、それにしてもなぜ、今日の日本において専門家の株は、かくも低落の一途をたどるのだろうか。私は、自分がそこに属しているせいか、どうも専門家養成機関としての大学に問題があるのではないかと思う。

かつて帝国大学令を起草したとき、初代文部大臣森有礼《もりありのり》はこう考えた。大学とは国家枢要の人材を養成するとともに、学問の蘊奥《うんおう》を極めるところである。したがってその中心は、学生もまた研究者として振る舞う大学院でなくてはならない。逆に、大学院に「教授」はいらない。「教授」が必要なのは、どこまでも、学生が研究者として自立するために必要な基礎的素養を身につける段階においてである。それは今日いうところの学部、当時の分科大学においてである。

意を汲み取れば、大学は、「教授」も学生も、全員が同じ研究をする主体――知の蘊奥を極める者――として向き合う、知の共同体であるべきだと考えたのである。フンボルトがベルリン自由大学において掲げた理想とも通じる、崇高な理想を掲げたのである。そして次のようにも考えた。学問研究を行う者は、新規性、オリジナリティーこそ大切にすべきだと。だから彼は悩んだのである。幕末以来のこの国の発展を支えてきた洋学者たちを、学者として認めるべきか、否かに。彼は認めたくなかった。洋学者は、その社会への貢献がいかに大きくても、欧米の学問の紹介者に過ぎなかったからである。ただ認めなければ、この国に学者はいなくなってしまう。如何になすべきか。森は苦悩したのである。

しかし、その苦悩は突然断ち切られた。一八八九年（明治二二）二月一一日、憲法発布を祝う式典に参加しようとしていた森が、自宅玄関先で、西野文太郎と名乗る暴漢（山口県士族）によって殺害されるという事件が起きたからだ。

そして、森のあとに森はいなかった。森亡きあと、あたかもそれが自然な流れであるかのように、この国における学者＝専門家のポジションは、洋学者流の学者によって占められていったのである。森が帝国大学令に込めた理想は、ことごとく反故《ほご》にされた。

ただその結果は、不評であった。東京帝国大学で長年御雇《おやとい》外国人教師として働いたルートヴィッヒ・リース（歴史学）は、東京帝大を埋め尽くしたその種の学者について、次のように酷評していた。

現在の日本の学会で特色ある人物をあげろといわれても、これといっためぼしい人物がいないのは奇妙としか言いようがない。しかしこれは、かなり以前から日本政府がおこなっている、国内の高等教育機関の必要教員数増加にともなう教員養成方法に問題がある。今までヨーロッパ人の教授が占めていた地位を今度は日本人で充当するという必要性、あるいは新しい教官の椅子が用意されるというような見込みが生ずると、学士の中でも選り抜きの秀才は、専門領域を極めるために三年間ヨーロッパ（たいていはドイツ）に留学を命ぜられる。かれらがドイツにおいてきわめて勤勉に勉学に励む様子は誰もがよく知っており、あまり日本人を知る機会のないドイツの大衆が、有益な日本観をもつのに役立っている。さて帰朝後、人並みに祝福されて大学の教職につくと、かれらは（たいていの場合日本でただ一人のその分野の専門家である）授業をしてみて初めて分かった自己の知識の欠落を熱心な勉強で補い、山なす素材を留学で学んだ方法で処理し、論文にまとめようとする。だが、そのように熱心に研究に取り組めば取り組むほど、かれらはほかのことにわき目もふらずにそれのみに集中し、まことに偏った専門家になってしまうために、人生を自由にとらわれのない目で観察したり、精神的高揚を感じたり、時代生活全体に生き生きとした関心をもつということがなくなってしまうのである。自己の職務に関する事柄、社会的義務、それにしばしば政治的論議ぐらいしか、かれらの視界には入ってこない。工学とか自然科学の職場においては、研究が忙しくて、頻繁に専門用語を交わす以外には普通の話題を交わす時間がなく、皆、それはいたしかたないことだと諦めてしまっているのである。もっとも人文科学のばあいは、膨大な和漢の知識を汲々《きゅうきゅう》として新しい体系に仕立て直そうと試みる学者は別にして、事情は自然科学とは異なる。そういった学者は始めのうちは嘱望されていても、結局は全体への明確な展望と独自の思想を構築する気概とを失ってしまうものである。

（ルートヴィッヒ・リース著　原潔・永岡敦訳『ドイツ歴史学者の天皇国家観』新人物往来社、一九八八年、一二二～一二三頁）

あまりに辛辣なので長々と引用したが、結局彼らは「留学で学んだ方法」をもとに血の滲《にじ》むような努力を重ね勉学に励むが、最後は世界の「全体」についての「展望」も「独自の思想」ももたない、「これといっためぼしい」ところの何もない存在として終わると。辛辣すぎるが、当たっている。

では、かかる洋学者流の学者たちに埋め尽くされた大学を、再び森が理想とした「新規」を尊ぶ大学に近づけようと努力する人物は、森の死後、一人も現れなかったのか。

少なくとも一人は現れた。それは、一九一一年に初代東北帝国大学総長に就任し、その後一九一三年（大正二）に京都帝国大学総長に転任した沢柳政太郎《さわやなぎまさたろう》であった。

彼は東北帝大総長に就任したとき、第一帝大（東京）、第二帝大（京都）の失敗を繰り返さないためにということで、「研究第一」のスローガンを掲げ――今なお東北大学はこのスローガンを掲げている――、さらに真理探究に男女の区別はないとの立場から女子の入学を認めた。そして京都帝大総長に就任するや、教授七人の罷免を断行した。洋学者流の学者と、新規を競う、彼の考える真の学者を入れ替えようとしたのである。彼は明らかに森の遺志を継いだのである。

しかしその入れ替えの試みは、京都帝大の教授たちの猛烈な抵抗にあって挫折した（第一次京大事件）。結局、改革しようとした彼のほうが京都帝大総長の地位を追われる結果に終わった。洋学者流の壁がいかに高いかが、改めて示されたのである。

そしてこの沢柳の孤軍奮闘が最後となった。以後、今日まで、沢柳に匹敵する硬骨漢は二度と現れていない。リースの目撃した日本の大学の実相は、今なおそのまま存在し続けているのである。たとえ敗戦という大事件があっても、である。

一九九一年に大学設置基準の大綱化が図られ、大学の設置形態の自由度が増したとき、ほぼすべての国立大学が行ったのが教養部の廃止であった。日本の大学は、「人生を自由にとらわれのない目で観察したり、精神的高揚を感じたり、時代生活全体に生き生きとした関心をもつということが」ない「まことに偏った専門家」の集合体でしかないことを、みずから証明する形になったのである。

日本の専門家はかかる大学で育ち、またその大学に地位を得ているのである。だから彼らは、「追いつけ、追い越せ」が国家目標であった時代には、大活躍した。一九六〇年代から七〇年代初頭にかけての高度経済成長をリードしたのも彼らであった。しかし、そうした時代が終わり、日本人ではあっても独創性――「新規」を求める精神――が求められる時代になると、突然彼らは、生彩を欠く存在になってしまったのである。そして今に至る。

（小路田　泰直）

参考文献
小路田泰直「京大（沢柳）事件再考―帝国大学から大学へ」『日本史の方法』三号、二〇〇六年一月。

疫病から読み解く歴史

第二部

第六章

近代日本の誕生と飢餓・疫病・戦争

小路田 泰直

はじめに

近代日本は何時はじまったのか。ペリー来航（嘉永六年〈一八五三〉）のときにはじまったと考える人が多い。ペリー来航に対するリアクションとしての明治維新が、日本近代のはじまりだと考える人たちである。ただ私はそのはじまりは、もう少し早いのではないかと考えている。具体的にいうと、ペリー来航に先立つこと六〇年、天明の大飢饉《ききん》（天明三～八年〈一七八三～八八〉）の起きたときにはじまったと考えている。その場合は、天明の打ちこわしに対するリアクションとしての寛政改革が、前者の考え方の明治維新に当たる。

たとえば、寛政改革のときに次の二つのことがあった。

一つは、春本《しゆんぽん》（黄表紙）作家山東京伝《さんとうきようでん》とその版元蔦屋重三郎《つたやじゆうざぶろう》に対する出版差し止めである。一見、それまでも繰り返されてきた風俗取締りの再来のようにもみえる。しかし小林真利奈氏の研究[*1]によれば、それは必ずしも単なる風俗取締りではなかった。むしろ山東京伝や蔦屋重三郎が、遊郭に出入りする他人のプライバシーを平気で暴いてみせたり、すでにある物語を平気で真似《まね》したりすることに対する取締りであった。風俗取締りということでいえば、山東京伝の作品などよりもはるかに過激な性描写を含む作品が、数多く弾圧されずにいた。

近代社会には必須の表現の自由を打ち立てようとすれば、逆にプライバシーや著作権の保護（取締り）は不可欠である。松平定信は、その表現の自由を打ち立てるために必要な政治的インフラを構築すべく、言論弾圧に乗り出したというのである。

今一つは、幕府は長年、領主財政と深く関わる米価を維持するために、酒造を奨励したり、制限したりしてきた。通常のときは奨励し、飢饉のときは制限した。しかし寛政改革以降は、そうした酒づくりに対する直接介入をやめたことである。生産量の調整は、流通量の統計的な管理と、市場における価格競争に委ねたのである。[*2]

近代を特徴づける「表現の自由」や「営業の自由」という考え方が、寛政改革を機に一挙に誕生したありさまの一端がわかる。私が寛政改革を以て近代の政治的起点と考える一つの理由である。

では、なぜ天明の大飢饉と寛政改革が、この国の近代のとば口を開いたのだろうか。もう少し構造的にとらえてみよう。

「江戸七分積金」と近代的地域支配の誕生

「江戸七分積金」＝義倉の設置

そこで重要なことは、天明の大飢饉《ききん》が即寛政改革に直結したわけではないということである。天明の大飢饉が天明の打ちこわしを誘発したとき、幕府は初めて危機を認識し、寛政改革に乗り出した。それは、寛政改革の当事者松平定信が、その自伝『宇下人言《うげのひとごと》』において、次のように述べている通りである。もし天明の打ちこわしがなければ、彼は飢饉対策に成功した一人の名君（白川藩主）としてのみ、歴史に記憶されたかもしれない。

天明未《ひつじ》（七年）六月参勤之比《ころ》、米価俄《にわか》に高直《たかね》に成、江戸おもては、一両に二斗までに成りしかば、かろきものどもくらしかねて、御府内の豪富之町家をうちつぶし乱暴をせしなり。その比、大坂・長崎・堺ならびに国主城下〳〵も、みなそのごとくなりし也。こゝによつ（て）天下の御政に欠《かく》事《こと》も侍《はべ》るによつて、かくはなりけらしと、心ある人みな眉をひそめあへり。それより参勤して御礼申上しが、おなじ月の十九日にめして、老中に被仰付上座《おおせつけらる》、侍従に被任《にんぜられ》、かくべつ御懇の御むねを蒙《こうむ》りぬ。このとき御艱難《かんなん》の御時節にて、人の臣たるもの、心力を可尽《つくすべき》の期なりければ、いまさら辞し可申《もうすべき》も、臣節をうしなひたるとやいふべきと思惟しければ、まづ御うけを申上ぬ。[*3]

ということは、寛政改革の本質は、その都市政策に典型的に表れたはずである。ではその都市政策とは。「江戸七分積金」をはじめとする、各都市での義倉《ぎそう》（備蓄）の創設であった。[*4] たとえば「江戸七分積金」とは、次のごとく町入用の大幅な節減を求め、

江戸町々、町入用《まちにゅうよう》とて無益にこれまた入用かゝりたり。これによつて、近年の入用をならして、其事々簡易不滞様《とどこおらざるよう》に奉行所にてさたせしかば、その入用多く減じぬ。[*5]

そのうえで節減分の七〇パーセントを江戸に一か所の町会所（向柳原《むこうやなぎはら》）に集め、幕府からの下賜金と合わせて「かこひ籾《もみ》つみ金」[*6]として運用し、飢饉に備えるというものであった。ちなみに残り三〇パーセントの内一〇パーセントは町入用の足しにされ、二〇パーセントはそもそもの町入用の負担者である「地主」に払い戻された。

町支配の転換

ではこの政策によって何が変わったか。それまで町入用は、定信の次の指摘にもあるように、その負担者である地主や家主たちによって額が決められ、集められていたわけではなかった。地主・家主の委託を受けて借家や町内を管理する、本来地主や家主の被雇人であるはずの「家守《やもり》」らによって決められ、集められていた。

此入用といふは地主の出すなり。たとへば此町は地代店《たな》ちんの上り高いかほど、うち町入用いかほど、地主の全くとるべきはいかほどと定《さだま》りて、これらを家守なんどがはからひて町入用を弁ぜし也。[*7]

少し敷衍《ふえん》して述べておくと、江戸時代の都市を構成する基礎的共同体である町は、そこに居をおく地主や家主たちによって支配されていたのではなく、個々の地主・家主や、町入用によって町に雇用され、被雇人でありながら管理業務を家職とし、強固な身分集団を形成していた「家守」や「町代《ちょうだい》」(京都の場合)らによって支配されていたのである。当然公儀権力も彼らと直結していた。

だから定信の言う「無益」な「入用」も生じたのである。負担者はできるだけ少く払おうとするが、その入用に寄食する被雇人はできるだけ多くを取ろうとするからである。

ということは、町入用を大幅に節約し「無益」の「入用」を省くということは、その管理業務に携わる、身分集団化した被雇人たちの支配を取り除くことを意味した。そして町入用の相当大きな部分が町会所に集められ、「かこひ籾つみ金」として集中的に運用されるということは、「家守」や「町代」のような身分集団による支配に代えて、都市全体の規模での財政運営を行うのに適した、「豪富之町人」ならびに「江戸町々地主」たちの代表による支配が生み出されることを意味したのである。次の通りであった。

故に上納などいふことにはあらず。豪富之町人並《ならび》に江戸町々地主のうち五人づゝ、これをつかさどりて納払をなす也。[*8]

以上、「江戸七分積金」（義倉）成立の一つの意義は、地域の支配が、支配を家職とする身分的職能集団による支配から、納税者（タクスペイヤー）代表による支配に置き換えられたことであった。京都では文化一四年（一八一七）から文政元年（一八一八）にかけて、「文政の町代改義一件」[*9]と呼ばれる「町代」を、町の被雇人とみるか、町の支配者（公儀権力の末端）とみるか、その地位をめぐる「町人」（地主・家主）と「町代」とのあいだの激しい争い（訴訟事件）があったが、それもまたその置き換えのひとコマであった。

身分行政から官僚行政へ

「官僚」の誕生

ただ「江戸七分積金」(義倉《ぎそう》)成立の意義は、それに留まらなかった。

その地域支配者の置き換えがはじまると、新たに支配者となった納税者代表たちの下で実務に携わる人たちも、職能的身分集団に属する人びとから、出自に関わりなく個人の才能によって登用される人びとへと、徐々にではあるが置き換えられていったのである。会所の実際の管理には、勘定奉行所や両町奉行所からの出向者(定掛《じょうがかり》)や、両替商や名主・地主・家守《やもり》などから選ばれた管理能力に長けた者(座人《ざにん》)があたった。行政の官僚化がはじまった。

ちなみに個人の能力を鍛える各種学校(藩校・郷学・私塾・剣術道場・寺子屋)の一九世紀以降の急増はその表れであった。それが、もう一つの意義であった。

そこで、一つの出来事をみておこう。

『解体新書』によせて

日本への蘭学の紹介者として知られる杉田玄白が、盟友前野良沢とともに、オランダの解剖書『ターヘル アナトミア』を翻訳して『解体新書』を執筆するきっかけとなったのは、たまたま手に入れた『ターヘル アナトミア』を手に、骨ヶ原《こつがはら》の刑場で行われた処刑人の「腑分《ふわけ》」を見たことであったが、そのときのことを彼は『蘭学事始』に次のように書いている。

　これより各々打連れ立ちて骨ヶ原の設け置きし観臓の場へ至れり。さて、腑分のことは、穢多《えた》の虎松といへるもの、このことに巧者のよしにして、かねて約し置きしよし。この日もその者に刀を下さすべしと定めたるに、その日、その者俄《にわ》かに病気のよしにて、その祖父なりといふ老屠《ろうと》、齢《よわい》九十歳なりといへる者、代りとして出でたり。健かなる老者なりき。彼奴《あやつ》は、若きより腑分は度々手にかけ、数人を解きたりと語りぬ。その日より前迄の腑分といへるは、穢多に任せ、彼が某所をさして肺なりと教へ、これは肝なり、腎なりと切り分け示せりとなり。それを行き視し人々看過して帰り、われわれは直に内景を見究めしなどいひしまでのことにてありしとなり。もとより臓腑《ぞうふ》にその名の書き記しあるものならねば、屠者の指し示すを視て落着せしこと、その頃までのならひなるよしなり。その日もかの老屠がかれのこれのと指し示し、心、肝、胆、胃の外にその名のなきものをさして、名は知らねども、おのれ若きより数人を手にかけ解き分けしに、何れの腹内を見てもこゝにかやうの物あり、かしこにこの物ありと示し見せたり。図によりて考ふれば、後に分明を得し動血脈の二幹また小腎などにてありたり。老屠また曰く、只今まで腑分のたびにその医師がたに品々をさし示したれども、誰一人某は何、此は何々なりと疑はれ候御方もなかりしといへり。良沢と相ともに携へ行きし和蘭《オランダ》図に照らし合せ見しに、一としてその図に聊《いささ》か違ふことなき品々なり。古来医経に説きたるところの、肺の六葉両耳、肝の左三葉右四葉などいへる分ちもなく、腸胃の位置形状も大いに古説と異なり。官医岡田養仙老、藤本立泉老などはその頃まで七八度も腑分し給ひしよしなれども、みな千古の説と違ひしゆゑ、毎度毎度疑惑して不審開けず。その度々異状と見えしものを写し置かれ、つらつら思へば華夷人物違ひありやなど著述せられし書を見たることもありしは、これがためなるべし。さて、その日の解剖こと終り、とてものことに骨骸の形をも見るべしと、刑場に野ざらしになりし骨どもを拾ひとりて、かずかず見しに、これまた旧説とは相違にして、たゞ和蘭図に差《たが》へるところなきに、みな人驚嘆せるのみなり。[*10]

ここには三様の人物が登場している。

一つ目のタイプは、穢多虎松とその祖父である。屠殺を生業とする刑吏であり、見事な「腑分」の技術の持ち主である。

二つ目のタイプは、何度も「腑分」を実見し、現実の人体と「古来医経に説きたる」「千古の説」の違いを目撃しておきながら、目前の事実に忠実であることのできなかった「官医岡田養仙老、藤本立泉老」のような人たちである。

三つめのタイプは、その違いを目撃したとき、「苟《いやし》くも医の業を以《もつ》て互ひに主君主君に仕ふる身にして、その術の基本とすべき吾人の形態の真形《しんけい》をも知らず、今まで一日一日とこの業を勤め来りしは面目もなき次第なり。なにとぞ、この実験に本《もと》づき、大凡《おおよそ》にも身体の真理を弁《わきま》へて医をなさば、この業を以て天地間に身を立つるの申訳もあるべしと」「嘆息」しその事実をよく写した『ターヘル アナトミア』の、「通詞等の手[*11]」を借りることなき翻訳を決意する、玄白のような人たちである。

前二者が、ある特定の職能を「家職」として受け継ぐ身分制的な「職人」であり、それに対して三番目の玄白のような人たちが、能力によって個人として選ばれていく「官僚」であった。ちなみに玄白らも、「医の業を以て互ひに主君主君に仕ふる身」であったことは留意しておかなくてはならない。

「江戸七分積金」（義倉）の設置による地域支配の変容は、行政の実際の担い手の、身分的職能集団から「官僚」への転換をも促したのである。だから松平定信は、「江戸七分積金」設置に際して、町入用節約分の一〇パーセントを改めて町に戻し、身分的職能集団が、なにかと理由をつけては住民（軒毎）に課していた、「あくたせん・番銭」といった「入用」外の「役銭[*12]」の整理も行わせたのである。以降、種々の身分的職能集団が町々に課す種々の「役銭」は、「悪ねだり」として厳しく取締られることになった。[*13]

ということは、「江戸七分積金」（義倉）の成立を機に、納税者民主主義と官僚行政の原型が生まれたことになる。

私が寛政改革を以て近代のはじまりと考える理由である。

「危機」と官僚行政の進化

官僚制形成における「危機」の役割

ただここで注意しておかなくてはならないのは、昨今の「政治家」の家職化にもみられるように、官僚制の身分的職能集団化は自然な流れであるが、その逆は決して自然な流れではないということである。かつて北畠親房が次のように述べていた。

寛弘ヨリアナタニハ、マコトニオカシコケレバ、種姓《しゆしゆう》ニカ、ハラズ、将相《しゆうしゆう》ニイタル人モアリ。寛弘以来ハ、譜第《ふだい》ヲサキトシテ、其中《そのなか》ニオモアリ徳モアリテ、職ニカナヒヌベキ人ヲゾエラバレケル。世ノ末ニ、ミダリガハシカルベキコトヲイマシメラル、ニヤアリケン、*14

「寛弘」というのは一一世紀初頭、ちょうど摂関政治が最盛期を迎えるころのことだが、それ以前は、人材登用も能力主義的に行われていたが、以降は、能力や徳義以上に家格が重視されるようになったと述べているのである。これが自然な流れであった。だから、いくら官僚制が発展しても、社会のさまざまな部面に、身分的という形容は冠しないにしても、家職としての職能は残るし、それがむしろ秀でている場合がいくらでもある。古代官僚制も、平安期に入るころには家職化の運命をたどった。[*15]

したがって、その自然な流れに抗して官僚制が形成されるのは、大抵の場合「危機」の時代であった。伝統的手法では社会が維持できないことが、誰の目にも明らかになるときであった。古代官僚制（律令制）が形成されたのも、隋・唐の成立による被侵略の「危機」のときであった。だから天明の大飢饉が起こり、それが天明の打ちこわしに発展したとき、それへの対応のなかで近代官僚制は産声をあげたのである。

では寛政改革の行われた一八世紀末以降、いったいいかなる危機がこの国を襲ったのだろうか。

まずは食の「危機」（飢饉）がこの国を襲った。天明の大飢饉のあとも、天保の飢饉があった。そして、「ききんの翌年には疫疾流行」[*16]とは天明の大飢饉が起きたときの松平定信の言であるが、疫病の「危機」、とりわけコレラの流行がこの国を襲った。文政五年（一八二二）には西日本、安政五年（一八五八）には東日本中心に広がり、それ以降も文久二年（一八六二）、明治一〇年（一八七七）、同一二年、同一九年と断続的に流行は続いた。

それらの「危機」は二宮尊徳や大原幽学《おおはらゆうがく》、中村直三《なかむらなおぞう》、船津伝次平《ふなつでんじべい》、奈良専二――後者三人は明治の三老農――のような多くの農政家（篤農・労農）を生み、また医師の官僚化を促した。洋学の輸入が医学を中心に進み、杉田玄白や緒方洪庵、長与専斎、後藤新平などの優れた「医官」が現れた。

そして、軍事的「危機」――被侵略の「危機」――がこの国を襲った。ペリーの来航である。まず農事、医学の世界で発展しはじめた官僚制は、軍事の世界へ広がった。その意味で、緒方洪庵門下で医師として育った大村益次郎が、やがて四境《しきょう》戦争（第二次長州征伐）で活躍し、日本陸軍の創始者になっていったのは興味深い。

官僚行政が行き詰まる必然

ただ官僚制には、内部に対立の火種を抱える構造上の欠陥があった。愛知県医学校（現名古屋大学医学部）校長などを経て明治二五年（一八九二）に内務省衛生局長に就任、以後台湾総督府民政長官、初代南満州鉄道総裁、鉄道院総裁、内務大臣、外務大臣などを歴任して、一九二〇年代に東京市長を務め、関東大震災が勃発したときには内務大臣として震災復興にあたった後藤新平[*17]は、「医官」としての道を歩みはじめた明治二二年に、『国家衛生原理』という書物を著し、「衛生」という概念について次のように述べていた。「学術及人事ノ一小区域例之胃弱症ニ不消化ノ食物ヲ禁シ関節痛ニ寒冷ヲ避ケシムル等ノ事ノミヲ指斥シテ衛生ノ範囲トシ其一小区域外例之権利ノ消長、徳義ノ隆汚《りゅうお》、工業盛衰等ハ全ク衛生ト連絡ナキ一種特別ノ人事ナリ学術ナリト信スルモノ[*18]」があるが、それは間違いであり、国家という有機体の全体に関わる概念だと。

官僚制は、専門特化することによってその能力を高めるから分業化し細分化する。「分課の制」をとる。だから衛生行政であれ、ほかの行政であれ、一見「学術及人事ノ一小区域」に関わる行政のようにみえるが、実際には、みずからを中心に分業の全体を編成・統合しようとする強い欲求を帯びる。医学の目的を「生理的円満」に求めた後藤が、次のように述べたのは、その表れであった。

人類社会真正ノ目的ハ生理的円満（即人生ノ最大幸福）ヲ得ルニ在リ百般ノ学芸事業ハ之ヲ享有スルノ方便タル事ハ毫《ごう》モ誣言《しいごと》ナラサルヲ了得スルノ日ヲ期待スルノミ[*19]

あるいは、

此ノ如キ人類社会及国家ノ組織ヲ為《な》スヘキ所以《ゆえん》ハ固《もと》ヨリ其拠ル処ナキニ非《あ》ラス乃《すなわ》チ其頗《すこぶ》ル切要ナルト其利益ノ大ナルトハ智者ヲ待タスシテ知ラシムル所ノ生理的動機ノ作用ニ在リトス[*20]

すなわち「百般ノ学芸事業」「国家ノ組織」はすべて「生理的円満」を得るための「学芸事業」として統合されなくてはならないと。

ということは、官僚制に分業による棲《す》み分けはないということになる。それは不断に行政全体を自己中心的に統合しようとする「小区分」の情動によって引き裂かれ続けるということになる。それが官僚制の抱える構造的な火種であった。明治維新後繰り返された省庁間の対立の激しさをみれば、それがわかる。司法省と内務省の対立は佐賀の乱に発展した。

では、その火種を消す方法は。明治期においては、五箇条の誓文に「万機公論に決すべし」とあったように、「万機」（数多くの専門）に分かれた行政を統合する方法としての「公論」の設定であった。内閣制はそのためにつくられたし、立憲政もそのためにつくられた。

「計画」の時代

しかし大正・昭和期――とりわけ第一次世界大戦後――になると、官僚行政全体を単一の目的、単一の指導者の下に明示的に編成・統合する「計画」の措定に変わったのである。喧伝《けんでん》されたソ連の第一次五カ年計画の成功が、大きな衝撃を世界に与えた時代に変わったのである。

そして、二つの「計画思想」が現れた。一つは、都市行政全般を次のように「生活向上に対する人道的感激」――かつての後藤の言葉に置き換えれば「生理的円満」――に隷属させ、統合しようとする、「医官」的発想にたつ都市計画思想であり、今一つは、第一次大戦が必然化した総力戦体制思想であった。

市政の要目は、水道鉄管の厚さと、市制の条文とにあらず。都市生活者たる人類の、生活向上に対する人道的感激なり。これあつて、初めて、彼は能《よ》く紛糾錯雑せる都市行政中に、終始一貫せる理想を洞見《どうけん》することを得べし。[*21]

当然今回も「危機」がそれらを生んだ。スペイン風邪の流行や米騒動となって現れた食の「危機」疫病の「危機」――別の角度からすれば貧困問題――が前者を生み、ナショナリズムとナショナリズムが相克する戦争の「危機」が後者を生んだのである。

では、この二つの計画思想は、円満に融合できたのだろうか。一瞬、できそうにみえた。それは、日本における都市計画思想の生みの親後藤新平が、第一次大戦後日本がとるべき経済・貿易政策(総合国策)を立案すべく構想した「大調査会」設置計画に、時の陸軍大臣田中義一[*22]が関心を示し、原敬内閣総理大臣にその受け入れを迫ったことに現れていた。田中こそが、我が国における総力体制論の生みの親であったからである。

大正八年(一九一九)一二月一日の日記に、原は次のように書き留めている。

夜後後藤新平に会見(彼希望に付)、後藤に勧誘するに近頃組織すべき労働局の総裁たらんことを以《もつ》てせしに、後藤は一考すべしと云ふに付、横田法制局長官起案中に付往訪相談せしむる事となせり。尚後藤は此際《このさい》経済的大規模の組織をなしては如何《いかん》とて洋行中、後小冊子により説明せしも、余は如此事は英国と日本とは事情を異にするに付第一に委員其人を得る事困難なる次第を告げたり。其企書面上にては妙なれども実行的には日本にては英国の様には往かず、是迄も人を得るや否やを考へずして西洋流を移し来り失敗せし事多きに付篤《とく》と互に勘考する事となしたるが、是れも後藤流の大風呂敷に類似の案なるが如《ごと》し。去りながら兎《と》に角《かく》後藤は静穏に日を送る事を得ざる性質なれば、余は労働局総裁は適当と考へ田中陸相が後藤を捨置かざる得策なりと云ふに付ても余の案は彼承諾すれば妙案なれば直接相談せしなり。尚《な》ほ後藤は漫遊中視察の雑談をなし、且つ近日山県を往訪するに付先以て余に会見を求め来りたるなり。*23

原が後藤の大調査会構想を受け入れるきっかけとなった会談についての記録である。そしてその受け入れの動機が、田中のアドバイスであったことが傍線部から推測できる。

しかし翌大正九年一月二二日、結局、原は後藤を訪ねて、次のように大調査会構想断念を告げざるを得なくなったのである。

議院よりの帰途後藤新平を訪ふ（病臥中に付）、兼て横田法制局長官を以《もっ》て屢々《しばしば》往訪せしめ産業調査会設立に付、其《その》総裁たらん事を求めたるも、後藤は大仕掛けに、経済、外国貿易の調査会を設け、年々五百万円も支出して五ヶ年間に完成する事となし天下の耳目を之に集めて政界を一新すべしとの大風呂敷にて談結了せざるに因《よ》り、余往訪して既に予備金支出もなし又九年度予算にも三万円斗《ばか》り計上したる今日に於て其意見是なりとするも、今日の場合には提案の方法なきに因り其問題は議会後の事となし、今日小規模の委員会を設くべきに付其総裁となり、他日大仕掛の時に幹部たるべき者を集めて之に従事しては如何と相談せしも、夫れにては今日直に之に当る事不可能なりと云ふに付、然らば其事は他日を期し早速に必要なるものを設立すべしと云つて対後藤問題を打切りとなしたり。[*24]

また、原は次のようにも述べていた。

又後藤を内閣に入れて果して内閣の一致を期し得べきや、是れも疑問なれば、此等合せて篤《とく》と考慮するの必要あれば、暫く此問題は中止し置き時機を見るを要すと内話したり。[*25]

結局、ここにはそういう記述はないが、大局的にみれば第一次大戦後の日本において、限りある財源のなかで、後藤的都市計画思想と総力戦体制思想を両立させることは、困難だったということであった。

そして、第一次大戦後の世界にあって両立させることができなければ、総力戦体制思想を優先させるのは当然であった。ちなみに八八艦隊計画の実行など、原内閣が大軍拡内閣であったことは周知の事実である。

そして後藤が立案した都市計画は、東京市長時代の「八億円計画」にしても、第二次山本権兵衛内閣の内務大臣として立案した関東大震災後の震災復興計画にしても、ことごとく予算削減の憂き目にあい、中途半端なものに終わらざるを得なかったのはその帰結であった。

むすびに

さて第一章でも述べたように、第一次大戦が終わっても、世界は安定した国際協調体制を回復することができなかった。その回復には、第二次大戦の終結と、パクスアメリカーナの成立を待たなくてはならなかった。当然それは国際的な防疫体制の構築の支障となった。

しかし、その影響はそれだけではなかった。それは今みてきたように、各国の国内における感染症対策にも大きな影を落としたのである。各国ともに、総力戦体制の構築を急ぐあまり、都市計画などへの投資をおろそかにせざるを得なくなったからである。日本はその典型であった。

両大戦間期、女性の労働環境の改善が容易に進まなかったために、女性の結核患者数は一向に減らなかった。経口伝染病対策のためにはまず上水道整備と並んで下水道整備が不可欠だったが、それも遅々として進まなかった。植民地を巻き込んだ食糧増産、米価引き下げ政策も、結局はうまくいかなかった。

そして、すべてはパクスアメリカーナの下での繁栄の時代、「戦後」に持ち越されたのである。

＊1　小林真利奈「蔦屋重三郎と寛政の出版統制」『寧楽史苑』第五八号、二〇一三年二月。
＊2　松本典子『日本近世における酒と酒造業の歴史的研究』奈良女子大学学位論文、二〇一九年一月。
＊3　松平定信著　松平定光校訂『宇下人言』岩波文庫、一九四二年、七〇―七一頁。
＊4　中嶋久人『首都東京の近代化と市民社会』吉川弘文館、二〇一〇年。
＊5　前掲注3『宇下人言』、九二頁。
＊6　前掲注3『宇下人言』、九二頁。
＊7　前掲注3『宇下人言』、九二―九三頁。
＊8　前掲注3『宇下人言』、九三頁。
＊9　辻ミチ子『町組と小学校』角川書店、一九七七年。
＊10　杉田玄白著　緒方富雄校註『蘭学事始』岩波文庫、一九五九年、二七―二九頁。
＊11　前掲注10『蘭学事始』、二九―三〇頁。
＊12　前掲注3『宇下人言』、九二頁。
＊13　塚田孝『近世日本身分制の研究』兵庫部落問題研究所、一九八七年。
＊14　北畠親房『神皇正統記』（『日本古典文学大系87』）岩波書店、一九六五年、一八一頁。
＊15　佐藤進一『日本の中世国家』岩波書店、一九八三年。
＊16　前掲注3『宇下人言』、五七頁。
＊17　尾崎耕司「後藤新平の衛生国家思想について」『ヒストリア』一五三号、一九九六年一二月。鶴見祐輔『後藤新平』藤原書店、二〇〇七年。
＊18　後藤新平『国家衛生原理』小路田泰直編『史料集公と私の構造4　後藤新平と帝国と自治』ゆまに書房、二〇〇三年、三四―三五頁。
＊19　前掲注18『史料集公と私の構造4　後藤新平と帝国と自治』、八六頁。
＊20　前掲注18『史料集公と私の構造4　後藤新平と帝国と自治』、八九頁。
＊21　チャールズ・オースティン・ビアード（Charles Austin Beard）『東京市政論』小路田泰直編『史料集公と私の構造4後藤新平と帝国と自治』ゆまに書房、二〇〇三年、二一六頁。
＊22　纐纈厚『田中義一―総力戦国家の先導者』芙蓉書房出版、二〇〇九年。
＊23　原奎一郎編『原敬日記』⑧、乾元社、一九五〇年、四一〇―四一一頁（一九一九年一二月一日）。
＊24　前掲注23『原敬日記』⑧、四六四頁（一九二〇年一月二二日）。

＊25　原奎一郎編『原敬日記』⑨、乾元社、一九五〇年、一八一頁（一九二〇年一二月三一日）。

コラム２◉「明治前期の都市と部落」再考――一八八六年のコレラ

私は約三五年前、「明治前期の都市と部落」と題する論考を、『部落問題研究』（一九八六年八七号）誌上に発表した。内容は、明治に入っても、部落の賤業《せんぎょう》と呼ばれる仕事は、容易にはなくならなかったというものであった。

たしかに、幕末・維新期のコレラの流行のような、いまだかつて経験したことのない疫病の流行は、伝統的・身分的職能集団による対応を限界づけ、合理的官僚行政発達の契機になった。しかし、だからといって身分的職能集団の役割を、消滅させたわけではなかった。治安・衛生業務に関わる穢多《えた》・非人の役割は、むしろ高まったとさえいえる。コレラが蔓延《まんえん》すれば、死体を運搬したり、吐瀉物《としゃぶつ》を掃除したり、人びとの不安心理を抑えるために警邏《けいら》活動を強化したりといった活動の必要性が一挙に増えるからであった。

解放令が出され穢多・非人の称が廃された（一八七一年〈明治四〉）後も、「番人」や「人夫」や「羅卒《らそつ》」といった名目で、従来通り多くの部落民が、そのような仕事に就くべく、町や村、さらには警察や避病院《ひびょういん》など、種々の行政組織に雇われていった。一九一二年（大正元）、内務省が主催した第一回地方改善協議会の場において、岡山出身の部落民岡崎熊吉が「明治十三・四年頃には下級官吏巡査などには採用され奉職せる輩続々ありしに今日は却《かえっ》て十把一束となし其部落の住民とさへ言へば断じて採用せざる内規ある」（『明治之光』三巻三号）よし と述べたのは、その事実を踏まえてのことであった。

また、法学者であり内務官僚でもあった一木喜徳郎《いちききとくろう》も、一九二三年に開催された全国町村長会の場で「幼児の記憶を辿《たど》ると私の郷里などには、番太《ばんた》と称する一種の階級があつて、是《これ》が一方に於て賤業とも言ふべき卑しい仕事に従ふと同時に、一方に於ては火の許を取締るとか、盗難を防ぐと言ふ警備事務の一部を担任して居つた様であつた」（「自治権の拡張に就て」『斯民』第一九編一号）と述べていた。同じ事実の存在を示唆していたのである。ちなみに一木の郷里は、遠江《とおとうみ》の国、今の静岡県であった。

しかも重要なことは、部落民は「番人」や「人夫」や「羅卒」といった「下級官吏」の職務についただけではなかったということである。なかには京都府愛宕《おたぎ》郡柳原庄の名望家桜田儀兵衛のように、いくつかの村（今熊野村・清閑寺村、岡崎村、吉田村）の用掛を兼務したり、みずから属する村の戸長を勤めたりする者も現れた（紀伊郡柳原尋常小学校『明治四十二年十一月七日故桜田儀兵衛翁小伝』）。桜田の関わった業務は、治安・衛生に留まらず、教育、土木、勧業、兵事、慈善など、ほぼ行政全般にわたっていた。

コレラなどの感染症の流行は、たしかに医療の官僚化を推進した。しかし、だからといって身分的職能として治安・衛生に関わる人びとの生業を奪ったわけではなかった。むしろその必要性と範囲を増したのである。

だから明治一〇年代の終わりには、一木の言う「極めて低級な機関に於て重要な仕事を扱ふ様な結果」（一木前掲）が、各地で一般化していた。戸長以下多くの役職を、江戸時代以来の身分的職能の継承者たちが占める戸長役場が、一方で社会的軽侮を受けながら、他方で近代化に伴い、質・量ともに肥大化していく地域行政をかろうじてこなしているといった状態が一般化していたのである。そして、そこに「人夫」需要が急増する、一八八六年のコレラの最後の大流行が重なったのである。

各地で戸長役場への不満が噴出した。同年三月七日の『京都日出新聞』には次のような記事が掲載された。差別に満ちた言い方である。

> 日出新聞記者は近来頗《すこぶ》る悪弊苅除《かいじょ》に熱心して、取分《とりわ》け戸長役場や町村惣代は人民に直接するものに付、其《その》弊害あるを聞ては片時も捨置がたく……筆誅を加へて少も容赦せざるところなるが、余り調子づくと編輯《へんしゅう》人も例の柿色の羽衣とやられるから大概にして置きたいと思へども、又しても種々の弊害ある事が記者の耳朶《じだ》に達する。

そして明治政府も戸長役場改革に取り組まざるをえなくなった。ではとりうる方法は。二つに一つであった。一つは、役場の管轄範囲を拡大して、戸長役場の数を減らし、その代わりに戸長を官選にして、戸長以下に官僚的人材を確保するという方法であった。そして今一つは、そこまで批判が集まるのならばというので、戸長役場を職員ともども全廃し、役場の業務は、その批判している者たち、すなわち「地域の住民自身が行う」文字通りの住民自治（名誉職自治）に委ね直そうという方法であった。

では、明治政府はどちらの方法をとったのか。後者の方法をとった。それが市制・町村制の成立につながったのである。そしてその市制・町村制下において、岡崎熊吉が部落差別の根源と考えた「下級官吏巡査などに……今日は却て十把一束となし其部落の住民とさへ言へば断じて採用せざる」方向性が確立したのである。

ただし、従来数多くの、そして種々の身分的職能を受け継ぐ人びとを雇用することによって成り立ってきた地域行政を、住民の名誉職自治に置き換えれば、当然のことながら行政能力の低下を招く。では、それはどうしたのか。それは結局、内務省―府県―郡ラインの「官治」の強化によって補ったのである。しかしそれは、地方の末端の些《さ》末《まつ》きわまりないことにまで介入し、結局自縄自縛に陥る、日本官僚制特有の不合理性を生み出す原因ともなったのである。

（小路田 泰直）

第七章

隔てること・つなぐこと

――奈良・平安期の疫病をめぐって

西村 さとみ

はじめに

去《い》ぬる三月以後、京畿外国疫癘《えきれい》滋《し》く発《おこ》り病死際なし。仍《よ》りて或は奇夢を恐れて門を閉ざし、或は物怪《もののけ》と称して仕へず。かくの如きの間、上卿勤むること無し。

平安京から諸国まで疫病が蔓延《まんえん》した正暦《しょうりゃく》五年（九九四）の夏、公卿たちは自邸の門を閉ざして出仕せず、政務も勤めなくなった。*1 それは他の階層にも波及し、

今日妖言あり。疫神横行すべし。都人士女出行すべからずと云々。仍りて上卿以下庶民に至るまで、門戸を閉ざし、往還の輩無し。

京の街路から人の姿が消えたという。*2

このときの疫病は、前年夏の「咳逆《がいぎゃく》」の流行にはじまり、それは終息したものの、秋以降、今度は「疱瘡《ほうそう》」が広がりはじめた。正暦五年を迎えても流行は止まず、翌年、

今年（正暦六年、長徳元年―引用者）、四月より五月に至るまで、疾疫殊に盛んなり。七月に至りて頗《すこぶ》る散る。納言以上薨《こう》ずる者二人、四位七人、五位五十四人なり。六位以下・僧侶等は勝《あ》げて計ふべからず。但し下人に及ばず。

「長徳」と改元したその年の七月にいたって、ようやく収まったのである。[*3] なお、藤原道隆の死により関白に就任し、ほどなく没した道兼も、この死者の数に含まれている。二人の兄の相次ぐ死により氏長者となった道長は、この疫病の流行に何を思ったであろうか。

それはさておき、複数年にわたる疫病の流行に対しては、調庸が免除されたり、米穀が与えられたりといった救済策のほか、大祓《おおはらえ》や諸神への奉幣が繰り返され、また読経や仁王会《にんのうえ》もなされた。さらに、正暦五年六月には、

此日、疫神のために御霊会を修せらる。木工寮・修理職、御輿《みこし》二基を造りて、北野船岡の上に安置す。先《ま》ず僧侶を屈して仁王経《にんのうきょう》を講ぜしむ。城中の伶人《れいじん》、音楽を献ず。会集の男女幾千人たるを知らず。幣帛を捧ぐる者、老少街衢《がいく》に満つ。一日の内に事了《をは》りぬ。此を山境に還し、彼より難波の海に還し放つと云々。此の事、公家の定にあらず。都人蜂起して勤修《ごんしゅ》するなり。

疫神のために御霊会が催されている。[*4] 病の原因とされた疫神は、御輿に載せられ難波の海へと送り出された。「今年（正暦五年―引用者）、正月より十二月に至るまで、天下の疫癘最も盛んなり。鎮西より起こり七道に遍《あまね》く満つ」[*5]、病は九州から全国に広がったとあることから、疫病の原因は他処からもたらされ、それを排除することにより流行は終息すると考えられたのであろう。

わずかな記事にすぎないが、人の往来がなくなった街路、記しおかれた病没者の数など、感染症の流行に遭遇した人びとの、時を経ても変わらない行動と、疫神の措定という私たちとは異なる認識が見てとれよう。時代を問わず、感染症は人びとの生活と深く関わっている。しかしながら、あるいはそれゆえにというべきか、その流行は時々の社会的文脈において語られ、また対策が講じられる。ここでは、そうした感染症と社会との関わりについて考える緒を探るべく、奈良・平安期へと遡ってみたい。[*6] 平安期に起源をもつとされる疫病退散の行事は現在も行われており、それらの創始の経緯を探ることは、私たちの感染症との向き合い方を考えることにもなると思われるからである。

外から来る疫神

神の意思としての疫病

疫病について、正史にみられるはじめての記事は、『日本書紀』崇神天皇五年条の「国内に疫疾多く、民死亡者有りて、且大半《なかばにす》ぎなむとす」である。疫病により国内の人口が半分以下になった、との記述は伝承の域を出ないとされるが、「疫疾」についての一連の記事からは、多くの人を死に至らしめる病をどのようにとらえていたのか、往時の認識のありようがうかがわれよう。

翌六年には、人びとが流浪離散し背く者も現れたため、崇神はいっそう政務に励むとともに、みずから殿舎で祭っていた天照大神《あまてらすおほみかみ》と倭大国魂神《やまとのおほくにたまのかみ》とをそれぞれ別の場所で祭らせることにした。[*7]しかし、七年になっても災害は続き、崇神が「朝に善政無くして、咎《とが》を神祇に取れるにか」と沐浴斎戒《もくよくさいかい》して祈ったところ、「倭国の域の内に居」る大物主神《おほものぬしのかみ》から、

天皇《すめらみこと》復《また》な愁へましそ。国の治まらざるは、是吾が意なり。もし吾が児大田田根子《おほたたねこ》を以《も》ちて吾を祭らしめたまはば、立《たちどころ》に平ぎなむ。

との夢告を得たのである。[*8] 神のことばにしたがって祭を整えたことにより、「疫病始めて息《や》み、国内漸《やくやく》に謐《しづま》り、五穀既に成りて」、人びとの生活も豊かになったという。[*9] 疫病は神の意思の発現であり、その流行は神々の祭祀体系の整備をもたらすことになった。

欽明天皇一三年（五五二）に「国に疫気行《おこ》りて、民《おほみたから》夭残《わかじに》を致す。久にして愈《いよいよ》多く、治療すこと能はず」との事態に陥ったときも、

我が国家の、天下に王とましますは、恒に天地社稷の百八十神を以《も》ちて、春夏秋冬、祭拜《まつ》りたまふことを事とす。方今《いま》し、改めて蕃神を拝みたまはば、恐るらくは国神の怒を致したまはむ。

との進言によらずに、百済《くだら》の聖明王《せいめいおう》から伝えられた仏を祭り、「国神の怒」を招いたことが原因とされている。[*10]

その後、敏達天皇一四年（五八五）には、疫病の頻発は仏法の興隆を企図しているためであるとの進言を入れ、天皇は仏を祭ることを止めさせようとした。寺は焼かれ、仏像は難波の堀江に捨てられたという。しかし、このときは「瘡《かさい》発でて死《みまかる》者、国に充盈《みちみ》」ち、「身、焼かれ、打たれ、摧《くだ》かるるが如し」と言いおいて亡くなる人が出たため、「仏像を焼きまつれる罪か」との噂が立ち、仏を祭ることが許可されたのである。[*11]「国神」と「蕃神」が相克するなかで、「蕃神」もまた疫病をもたらす存在と

見なされた。ただ、いずれにせよ、疫病は「神」の意思の表れとされ、それらを祭るという対策がとられたのである。

疫神とその祭

神の意思の発現と解されていた疫病は、やがて神々から分離されていく。その一つの画期を宝亀《ほうき》年間（七七〇～七八一）に見いだし、疫病の原因とそれへの対処をめぐる認識の変化をとおして精神史上の転換を描きだされた谷口美樹氏の所論によりながら、その画期をおさえておこう。[*12]

宝亀年間の疫病の発生と伝播の状況は明らかではないが、『続日本紀』宝亀元年（七七〇）六月甲寅条の、

　疫神を京師の四隅と畿内の十堺とに祭らしむ。

をはじめとして、当該期には疫神を祭ったとの記事が国史に散見される。宝亀二年三月壬戌条の「天下諸国をして疫神を祭らしむ」、四年七月癸未条の「疫神を天下諸国に祭らしむ」、六年六月甲申条の「使を遣して疫神を畿内諸国に祭らしむ」、同年八月癸未条の「疫神を五畿内に祭らしむ」、八年二月

庚戌条の「使を遣して疫神を五畿内に祭らしむ」、九年三月癸酉条の「畿内の諸堺に疫神を祭らしむ」などである。

注目されるのは、祭られる対象が「疫神」と明記されていること、その祭が京の四隅や畿内の境界でなされたことであろう。そうした祭の形式は、神祇令《じんぎりょう》に規定された季夏・季冬の祭、道饗祭《みちあえのまつり》の延長線上にあると見なされている。『令集解《りようのしゆうげ》』に載録された諸注によれば、道饗祭は「京城四隅の道上」で「鬼魅《きみ》」を饗応《きようおう》することにより、それらが京内に入るのを防ぐ祭であった。

その道饗祭が疫病対策として行われたことは、宝亀元年以前にも確認される。天平七年（七三五）八月には、大宰府管内で疫病により多数の死者が出たことをうけて、

彼の部の神祇に奉幣し、民の為《の》に祷み祈らしむ。また、府の大寺及び別国の諸寺をして、金剛般《こんごうはん》若経《にやきよう》を読ましむ。仍《よ》りて使を遣して疫民に賑給《しんごふ》し、并《ならび》に湯薬を加へしむ。また、その長門より以還の諸国の守《かみ》もしくは介《すけ》、専ら斎戒し道饗祭を祀る。

など、さまざまな策が講じられたが、道饗祭もその一つとしてあった。[*13]もっとも、このときの道饗祭は、京の四隅ではなく、疫病が蔓延《まんえん》している大宰府管内から京までのあいだに位置する国々で実施するよう命じられている。また「疫神」という語もみられない。とはいえ、疫病がやって来るのを防ご

うとした道饗祭の構図は、続けて起こった天平九年の疫病が、藤原武智麻呂《ふじわらのむちまろ》、房前《ふささき》ら四兄弟の相次ぐ死など多大な影響を及ぼしたこともあり、その衝撃とともに伝わり、新たな祭祀を準備したと推測される。

ただ、疫病の原因を神そのものからやって来る疫神と疫気として切断するには、その契機がなければならないと、谷口氏はいう。そして、『続日本紀』宝亀五年二月壬申条に「一七日天下諸国に読経せしむ。疫気を攘《はら》ふなり」とあることに注目された。氏は、読経に本来備わっている原理は災厄の消除であるが、それは疫病を神の意思の発現とする神祇の秩序とは相いれず、仏教的対処を可能にするためには、疫病が神から分離され、単なる災厄として意味づけられていくのは必然的であったとして、新たな世界観、秩序をもつ仏教の導入に契機を求められたのである。

なお谷口氏は、読経が消除と同時に神の法楽、神に対する祭の文脈でも語られていることから、宝亀年間における疫病の神からの切断は不徹底なものであったとされる。そして、次なる段階をもたらした契機を、空海による真言密教の導入に見いだされていることも、ここに確認しておきたい。[*14]

境界祭祀と空間認識

京・畿内・「日本朝」

疫気を「攘《はら》ふ」という記事がみられた宝亀《ほうき》五年（七七四）の三月、大宰府に四天王寺が建立された。同寺に安置する仏像や修法などについて定めた太政官符によれば、その目的は新羅《しらぎ》からもたらされる「災」を「攘却《じようきやく》」することにあったという。[*15]

八世紀末から九世紀初頭、光仁・桓武朝における国土認識を論じられた三上喜孝氏は、この四天王寺の建立を、国土の守護神として知られていた四天王が新羅調伏《ちようぶく》のための守護神として具体的に認識されるようになる契機であり、九世紀に四天王法が日本海側諸国を中心に広く行われる端緒ともなったと意義づけられた。[*16]また、三上氏はその背景について、宝亀年間に、新羅からの来着者を「流来」と「帰化」に明確に区分し、「流来」者を送還するよう定められたことや、因幡・伯耆《ほうき》・出雲・石見《いわみ》・長門といった日本海沿岸諸国に「警固」が命じられたことなど一連の政策[*17]とともに、疫病が外からもたらされるという観念の萌芽《ほうが》が影響を与えた可能性を指摘されている。

四天王寺の建立が命じられてほどなく出された勅には、

　其《そ》れ摩訶《まか》般若波羅蜜《はんにやはらみつ》は諸仏の母なり。天子これを念ずれば、則《すなわ》ち兵革《へいかく》災害は国の中に入らず、庶人これを念ずれば、則ち疾疫厲鬼《しつえきれいき》は家の内に入らず。

とあり、「兵革」は「災害」と並び称され、また「疾疫厲鬼」も同じ範疇《はんちゅう》でとらえられていたことが知られる。*18 いずれもその侵入を防ぐべきものであり、護るべき「中」「内」を意識させるものであったといえよう。やって来る神としての疫神が疫病の原因に措定され、京・畿内の境界で祭が行われた時期に、「(日本）国」の境界もまた、強く意識されたのである。

そうした空間の観念は、九世紀後半に編纂された「貞観儀式」と見なされている現存『儀式』において定着をみている。巻一〇に収められた追儺《ついな》の祭文には、

　事別《ことわき》て詔はく、穢《きたな》く悪き疫鬼の所所村村に蔵《かく》り隠ふるをば、千里之外、四方之堺、東方陸奥、西方遠値嘉《をちか》、南方土佐、北方佐渡よりをちの所を、なむたち疫鬼之住《すみ》かと定賜ひ行賜ひて、

と、日本国の四至が定式化され、その外は「疫鬼」の住む空間であると謳《うた》われている。*19 この祭文の成立は、これまでみてきた疫神の登場以前には遡らないであろう。そして、貞観年間（八五九〜八七七）は、こうした空間の観念がより強化された時期であった。

貞観一一年（八六九）から翌年にかけては、新羅の海賊の脅威が高まり、警備が強化されると同時に、伊勢神宮や石清水八幡宮、香椎廟《かしいびょう》や宗像大神などへの奉幣もなされたが、その告文に、

我が日本朝は、所謂《いわゆる》神明の国なり。神明の助け護り賜はば、何の兵寇か近く来べき。……若し賊の謀已《すで》に熟《なり》て、兵船必ず来べく在らば、境内に入れ賜はずして、逐還《おひかへ》し漂没《ただよひしづ》め賜ひて、我が朝の神国と憚《はばか》り来れる故実を、澆たし失ひ賜ふな。

とある。[*20]「兵船」の侵入を防ぎたい「境内」すなわち「日本朝」は「神明の助け護り賜」う「神国」でもあった。また、貞観一四年正月には、

この月、京邑に咳逆病発る。死亡する者衆《おほ》し。人間言《もう》すに、渤海《ぼっかい》の客来りて、異土の毒気の然らしむるなり。この日、建礼門前において大祓し、以《もつ》てこれを厭ふ。

「咳逆病《がいぎゃくびょう》」の流行の原因が渤海の使者がもたらした「異土の毒気」に求められるなど、[*21]「日本朝」の内外をめぐる語りが繰り返されている。

一方、境界での疫神の祭祀は、『続日本後紀』承和四年（八三七）六月癸丑条に「使を山城、河内、

摂津、近江、伊賀、丹波等の七国に遣はして、彼の疆界《きょうかい》を鎮め祭り、以て時気を禦《ふせ》がしむ」、承和九年五月庚申条に「勅すらく、近ごろ物怪《もののけ》有り。卜食《うらはみ》するに疫気咎《とが》を告ぐ。宜《よろ》しく五畿内七道諸国及び大宰府をして疫神を敬ひ祭り、以て咎の徴を禦がしむるなり」とあるなど、京、畿内の境界に限らず、広く行われた。また、後者の記事からは、流行している疫病への対処としてではなく、予防策として実施されたことも知られる。

一〇世紀初頭に編纂された『延喜式』には、

宮城の四隅の疫神の祭（もし京城の四隅に祭るべくは此に准へよ。）

畿内の堺十処の疫神の祭（山城と近江の堺一、山城と丹波の堺二、山城と摂津の堺三、山城と河内の堺四、山城と大和の堺五、山城と伊賀の堺六、大和と伊賀の堺七、大和と紀伊の堺八、和泉と紀伊の堺九、摂津と播磨の堺十。）

これら二つの疫神の祭が加えられているが[*22]、その背景に、九世紀における疫神祭祀の浸透をみることもできよう。

疫神祭祀というかたちで京、畿内の境界が意識化された宝亀年間には、「日本朝」の内外もまた強く意識されていた。そうした空間の分節化とそれをめぐる認識は、「日本朝」の外を「疫鬼」の居処とする観念をも生じさせ、九世紀に定着したのである。

疫病への対処

ところで、公式令《くしきりよう》国有瑞条には「凡《およ》そ国に大瑞及び軍機、災異、疫疾、境の外の消息有らば、各使を遣りて馳駅《ちやく》して申上せよ」と、国司は「疫疾」について早馬で報告することが義務づけられていた。今に伝わっているのは天平宝字元年（七五七）に施行された養老令であるが、『続日本紀』慶雲二年（七〇五）是年条に「諸国廿、飢ゑ疫しぬ。並に医薬を加へて賑恤《しんじゆつ》せしむ」、同三年四月壬寅条に「河内・出雲・備前・安芸・淡路・讃岐・伊予等の国飢ゑ疫しぬ。使を遣して賑恤せしむ」、同四年四月丙申条に「天下疫し飢ゑぬ。詔して賑恤を加へしむ。但し丹波・出雲・石見の三国尤《もつと》も甚し。幣帛《へいはく》を諸社に奉る。また、京畿と諸国との寺をして読経せしむ」などと、具体的な記述があることから、大宝令にも同様の規定があり、それに基づいて対策が講じられたと考えられている。

九世紀にも、『日本三代実録』貞観一二年八月五日条に「隠岐国貞観七八両年の疫に死ぬる百姓三千一百八十九人」とあり、同八年六月二日条に「志摩国飢ゑ疫しぬ。尾張国の正税穀を以《も》て賑給《しんごふ》す」と特定の国への具体的な施策もみられることから、依然として諸国から報告が届いており、それをもとに対策も講じられたことがうかがわれる。

しかし九世紀に入ると、貞観年間を除いて、疫病に関する正史の記事に「天下」「諸国」といった表現が増え、流行した地域についての具体的な記述は少なくなっていく。また、八世紀前半にしばしばみられた「医薬を加ふ」、宝亀四年五月の「伊賀国疫す。医を遣して療しむ[23]」などの対策は記されなくなる一方、承和六年閏正月に「郷邑をして季ごとに疫神を敬い祀」らせ、承和九年三月に疫病に備えて国司に「境の下に到りて、疫神を防ぎ祭らしめ」るなど[24]、疫神祭祀に関してはより具体的な記事が残されている。

もっとも、諸国における疫病対策の具体相を知ることは容易ではなく、天長一〇年（八三三）閏七月、前年の「疫癘《えきれい》」に加えて天候不順のため穀物が実らず多くの死者が出たことをうけて、越後国司が「凶年の弊、賑《ほどこ》すと雖《いえど》も猶《なお》乏し。望み請《こ》はくは、糴糶《てきちょう》を許され此を窮民に資せんことを」と、救済に充てるべく穀物売買の許可を求め認められたことなど[25]が、わずかに伝わるにすぎない。ただ、行政全般にわたり国司の裁量権がしだいに拡大していったことを考慮すれば、地域ごとの事情をふまえた救済の献策は国司に委ね、朝廷はそれを承認するなど必要に応じて関与する方向に進んだことは、十分に推察されよう。

そして、人口が密集し問題がより先鋭化したであろう平安京においても、頻発する疫病への新たな対策が講じられていた。貞観五年五月には、初めて朝廷が御霊会を主催し、疫病の原因とされた「御霊」を祭る苑内には「都邑《とゆう》の人」も出入が許されたという[26]。また貞観七年五月には、神泉苑《しんせんえん》や七条大路での読経に加えて、僧侶に疫神祭を執り行わせたが、「預《あらかじ》め左右京職に仰せ、東西九箇條の男女人別一銭を輸」して、その布施に充てている。そこには、「京邑の人民をして功徳に頼り天行に免ぜしむるなり」、京の人びとの「功徳」により災いを免れようとする意図が込められていた。[*27] こうした政策は京に住まう人びとの当事者意識を醸成し、京という空間を意識させることにもなったと考えられる。

なお時代は下るか、冒頭に取り上げた正暦《しょうりゃく》五年（九九四）の疫病の流行に際しては、宮中での臨時仁王会《にんのうえ》にあわせて、「五畿七道諸国」でも仁王会が修せられた。「畿内の国々」は宮中のそれと同じく五月一五日に「有験の所々」で、「遠国」は官符の到着後三日以内に実施するよう命じられたという。さらに京においては、官人の邸宅や「京條小路の辻ごと」に立てられた「高座」でも、仁王経を講じさせている。[*28] 「七道に遍《あまね》く満」ちわたった疫病に対し、全国でいっせいに「災を攘」うための行事が執り行われたこと、その文脈に組み込まれてはいるが、京では固有の方策もとられていたことがうかがわれよう。京を含めた各地域で状況に応じた政策が実施される一方、それらの諸地域が相応じるかたちで全国、いいかえれば「日本朝」から災いを「攘」う諸行事もまた行われていたのである。[*29]

境界を創りささえるもの

「日本朝」と「和俗」

疫神を京、畿内の境界で祭りはじめた時期に、新羅《しらぎ》の漂流民に対する処遇に変化がみられたことは、すでに述べたが、疫神祭祀がしばしば行われた承和年間（八三四〜八四八）にも、新羅人の帰化を認めず放還するという政策が打ち出された。[*30]

発端は、新羅は聖武朝以来朝貢することなく、商賈《しょうこ》に言寄せて我が国のようすをうかがっているが、民が食料を欠いている現状では不測の事態に対処できないと判断した大宰大弐《だざいのだいに》の、新羅人の入境をいっさい禁じてほしいとの進言にあった。それに対して、朝廷は「徳沢《とくたく》は遠く洎《およ》び、外蕃化に帰す。専ら入境を禁ずるは、事不仁《ふじん》に似たり」、天皇の徳は遠く及んでおり、外蕃の者はその徳を慕って来るのであるから、入境を禁じることは仁政に似つかわしくないと返答している。そして、漂流民は食料を支給して放還し、商いのために訪れた者は自由に交易させて、終わり次第速やかに退去させるようにしたのである。

かつて、天平勝宝九歳（天平宝字元年〈七五七〉）四月には、「高麗《こま》、百済《くだら》、新羅の人等」が天皇の徳を慕って来朝し「我が俗に附き、姓を給はらむこと」を願い出た場合は、全面的に許可するとの勅が発せられていた。[*31]その「仁」政の論理は、容易《たやす》く否定しうるものではなかったのである。とはいえ、これまでみてきた疫病の流行、それに戦の危機など、「境内」に住まう人びとの生活を考慮し、人の移動、物資の交換など交通を制限せざるをえないと判断される局面を迎えてもいたのであろう。ここに、「外」を「疫鬼」の住処《すみか》とするのではなくして、「入境」を制御する論理、境界を設定し空間を分節化する論理が求められる。

もっとも、その論理は、このときまでにすでに語り出されていた。弘仁六年（八一五）に編纂された『新撰姓氏録《しんせんしょうじろく》』の序文において、天平勝宝九歳の勅は批判の対象とされていたのである。氏族の出自と改姓、賜姓の実態を明らかにし、他氏を偽る風習を断つことを目的とする同書は、その勅が「蕃俗」と「和俗」の混淆《こんこう》を招いているとみていた。[*32]そこにいう「蕃俗」と「和俗」の峻別《しゅんべつ》が、内外を分ける一つの論理として機能したであろうことは、十分に考えられよう。

俗、風俗という語とそれをめぐる論理については、別稿に述べるところであり、[*33]多くを語るつもりはないが、『令集解《りょうのしゅうげ》』に収められた職員令弾正台条や戸令国司巡行条《こりょう》およびそれらの諸注によれば、「風」は自然の影響をうけて形成される気質、「俗」はその土地に住むことによって身についた習性をいい、装束や歌舞、葬礼や言語などがその表れとされた。また、優れた君主には風俗を変える力が備わっていることから、君主が感化をおよぼすことを「風を為す」といい、人びとがそれをうけて習性を変えることを「俗を為す」ということもある。そして、国司は任国の人びとの「風俗を観」、ときに「礼教をもって正す」ことを職務のひとつとしていた。

こうした文脈で語られていた風俗を、ある意味では生得的なものとして肯定的にとらえる途を開いたのが、「和俗」という概念であった。あるべき風俗とは本来、価値の高下を想定するにせよ、「和」を冠され「蕃」と対置されるようなものではなかったはずである。しかし、『新撰姓氏録』にいたって、空間的限定をもたないあるべき風俗ではなく、ある限定された俗がそれとして認められる、そのような俗が語られているのである。

この「和俗」が「日本朝」に重ねられるとき、感化の放棄とは異なる文脈において、境界を設けることが可能となろう。それが唯一の説明原理になるわけではもちろんないが、こののち、国司に任国の風俗すなわち「国風」の尊重が求められるようになるなど、「境内」の多様な俗もそれとして承認されれる方向へと移っていった。

では、この風俗の論理により分節化された空間の内と外は、どのような関係におかれていたのであろうか。いささか唐突ではあるが、「我が国の風俗」と謳《うた》われた和歌*34を手かがりに考えてみることにしよう。

境界の内外

一〇世紀前半、国司として土佐に赴いた紀貫之により『土佐日記』が書かれた。そこには、よく知られた阿倍仲麻呂の歌をめぐる次のような逸話が綴《つづ》られている。*35

任国土佐から京へと海路を往く国司の一行は、正月二〇日、隔てる山々がないため海から昇る月を眺め、国守は仲麻呂の歌を想起する。それは、帰国の途につく仲麻呂の送別の宴において詠まれたものであった。「かしこの漢詩」をつくるなどして人びとが別れを惜しんでいたとき、海から月が昇るのを見た仲麻呂は、

わが国に、かかる歌をなむ、神代《かみよ》より神もよん給《た》び、今は上《かみ》・中《なか》・下《しも》の人も、かうやうに別れ惜しみ、喜びもあり、悲しびもある時にはよむ。

と語り、

青海原ふりさけみれば春日なる三笠の山に出でし月かも

と詠ったのである。唐の人には通じないであろうと思いつつ、歌の意味を漢字で書き出し、説明して聞かせたところ、「心をや聞き得たりけむ」、「心」が聞き取れたのか、思いのほか感心されたとある。そして、

　唐土とこの国とは、言異なるものなれど、月の影は同じことなるべければ、人の心も同じことにやあらむ。

唐土とこの国では、ことばは違っても、月の光は同じはずであるから、人の心も同じなのであろう、と結ばれているのである。

　身分の上下によらず「歌」を詠む人びと、つまり「和俗」の「内」なる人びとは、「歌」を詠むという点において、喜びや哀しみを共有しうる関係にある。貫之は、こうした関係が成り立ちうることを強調するかのように、拙《つたな》い女童の歌が早く京に戻りたいという「心」を共有する人びとの記憶に残ったという逸話、船の楫取《かじとり》が何気なく口にしたことばが歌らしく聞こえたので、書きだしてみると「三十一文字」になっていたとの逸話も、『土佐日記』のなかにちりばめている。*36

　さらに注目すべきは、「歌」により結ばれる関係のみならず、その「外」にある人びととの関係もまた、喜びや哀しみを共有しうるものとして描かれていることであろう。風俗のことばは異なっていて

も、「心」がその差異、境界を越えて「内」と「外」を結んでいる。そうした関係を前提とすることによ り、かえって関係の連鎖を必要に応じて断ち切ることができる。貫之がどこまで意図してそれを描いたかは確認するすべがないが、『土佐日記』はそうした空間の分節化のための論理を提供しているように思われる。

むすびにかえて

人びとの生存、社会の存続を脅かす疫病の原因が、秩序としての神から分離され、「攘《はら》ふ」ことのできる疫神や疫気に求められたことと相まって、その疫神から護るべき「境内」が意識され、新たな空間の観念が形成された。当該期に発生した疫病が常に日本列島の外から伝播したものではなかったにせよ、そうした観念が、人びとの行動を制御するうえで一定の機能を果たしたであろうことは十分に想定されよう。

ただ、「日本朝」、畿内、京といった空間の観念は当然ながら、疫病の流行に際して、また疫神の祭においてのみ想起されるものではなく、現実の諸政策、生活と深く関わっていた。それらの局面において、境界の外を「疫鬼」の住処《すみか》とするばかりでは、人や物の移動を制御したり、さらにはある空間に閉じたりすることは困難であったと推察される。そうした状況下で、「和俗」、多様な風俗を肯定する論理もまた空間を分節化するそれとして機能したのではなかろうか。たとえば新羅《しらぎ》人の帰化をとどめ、国司の裁量権を拡大して任国の事情に応じた施策を行わせることも、その論理を前提として「合理化」されているように思われる。

「和俗」をめぐる論理は、『土佐日記』に綴《つづ》られた和歌についての逸話をとおしてみたように、必ずしも排除の論理ではなく、多様性の承認へと開かれていた。しかし、それが境界の外部を「疫鬼」の住処とする観念と相前後して形成されたことが、のちにいかなる影響をもたらしたかは、検討すべき課題であろう。また、平安遷都を画期として、京を中心とした畿内・畿外の空間認識が強化されたとの指摘がすでになされている[*37]。疫病への対処にみられた京と諸国との関係性もふまえ、分節化された空間にはたらく京の求心力についても問い直す必要があると思われる。感染症と社会との関わりについての歴史的考察は緒についたばかりであるが、ひとまず終えることにしたい。

＊1　『本朝世紀』正暦五年六月一〇日条。
＊2　『本朝世紀』正暦五年六月一六日条。
＊3　『日本紀略』長徳元年七月二三日条。「疾疫天変」により改元し、調庸の免除、大赦の実施を決定したことは、同年二月二二日条にみえる。
＊4　『本朝世紀』正暦五年六月二七日条。『本朝世紀』『日本紀略』によれば、この前後にも、さまざまな「疾疫」への対応策がとられていたことが知られる。
＊5　『日本紀略』正暦五年「今年」条。
＊6　温暖化による異常気象や大規模な地震の発生、それらに伴う災害の頻発が深刻な問題となっている近年、当該期の災害やそれに連動して発生する疫病についての研究の成果も、安田政彦編『自然災害と疫病』（生活と文化の歴史学八、竹林舎、二〇一七年）、北村優季『平安京の災害史』（吉川弘文館、二〇一二年）、保立道久『歴史のなかの大地動乱』（岩波新書、二〇一二年）など、相次いで公表されている。また、疫病の伝播状況を明らかにし、疫病と国家の関係構造の変化を検討された本庄総子「日本古代の疫病とマクニール・モデル」（『史林』一〇三―一、二〇二〇年）もある。
＊7　『日本書紀』崇神天皇六年条。
＊8　『日本書紀』崇神天皇七年二月辛卯条。
＊9　『日本書紀』崇神天皇七年一一月己卯条。当該条には、「別に八十万群神を祭り、仍りて天社・国社と神地・神戸を定め」たともある。
＊10　『日本書紀』欽明天皇一三年一〇月条。
＊11　『日本書紀』敏達天皇一四年三月丁巳朔条、同月丙戌条、六月条。
＊12　谷口美樹「転轍機としての空海—真言密教世界へ—」歴史と方法編集委員会編『日本史における公と私』青木書店、一九九六年。
＊13　『続日本紀』天平七年八月乙未条。
＊14　谷口氏は、平安中期には、加持や修法が排除の構えのもとに意味づけられたため、神に対してはそれらが憚られたとされた。そして、その点に、消除という原理を有しつつも内実は祭りであった読経が神に対してなされた八世紀との差異を認められている。氏の主眼は、その転換をもたらした契機として、背後世界を否定し世界を真言の連鎖としてとらえる空海の世界観の導入を論じるところにおかれている。
＊15　『類聚三代格』巻第二所収宝亀五年三月三日太政官符。

*16 三上喜孝「光仁・桓武朝の国土認識」『国立歴史民俗博物館研究報告』一三四、二〇〇七年。
*17 『類聚三代格』巻第一八所引宝亀五年五月一七日太政官符。『続日本紀』宝亀一一年七月丁丑条。
*18 『続日本紀』宝亀五年四月己卯条。
*19 村井章介氏は、九世紀以降、日本国の四至が定式化され、閉じた空間としての王土が成立したと論じられている（「王土王民思想と九世紀の転換」『思想』八四七、一九九五年）。
*20 『日本三代実録』貞観一二年二月一五日条。
*21 『日本三代実録』貞観一四年正月二〇日条。
*22 『延喜式』神祇三、臨時祭。
*23 『続日本紀』宝亀四年五月己丑条。「医薬」を与えたことは、本文に引用した『続日本紀』慶雲二年是年条のほか、文武二年四月壬辰条、大宝二年二月庚戌条、和銅元年二月甲戌条など、文武朝から和銅年間にかけてしばしばみられる。
*24 『続日本後紀』承和六年閏正月丙午条、承和九年三月庚戌条。
*25 『続日本後紀』天長一〇年閏七月戊寅条。
*26 『日本三代実録』貞観五年五月二〇日条。このとき祭られた「御霊」は、政争に敗れ非業の死を遂げた人びとの霊魂であり、それまでの疫神とは異なっている。亡くなった人の霊魂が災いをなすという観念は、それまでにもみられたが、ここに疫病の流行と結びつけられ祭られたことの意味は、改めて考えなければならないであろう。
*27 『日本三代実録』貞観七年五月一三日条。
*28 『本朝世紀』正暦五年五月一五日条。
*29 本文中に紹介したように、宝亀年間にも「天下諸国」で疫神を祭らせているが、その疫神祭祀も含め、読経や奉幣などの行事が諸国に命じられる事例は、平安期以降、目を引くようになる。なお、祇園祭の起源とされる祇園御霊会について、貞観一一年に六六本の矛を立て、神輿を神泉苑に送り祭ったことにはじまり、以後恒例化したと説明されることが少なくない。時期については、『二十二社註式』に天禄元年（九七〇）にはじまったとあること、『祇園社記』に天延二年（九七四）に旅所の敷地を寄付され「大政所」と号したとあり、『日本紀略』天延三年六月一五日条に「公家」が初めて走馬や御幣などを感神院に奉ったともあることなどから、恒例化したのは一〇世紀後半のことと考えられている。ただ、矛六六本は国の数とされており、諸国を京に収斂させるかのような構図が描かれていることと、その祭が貞観年間にはじまったと伝えられていることの意味は、

改めて考えなければならないと思われる。

＊30　『続日本後紀』承和九年八月丙子条。『類聚三代格』巻第一八所引承和九年八月一五日太政官符。

＊31　『続日本紀』天平勝宝九歳（天平宝字元年）四月辛巳条。

＊32　『新撰姓氏録』が風俗の可変性を否定する論理を有していたことは、田中史生「律令国家と『蕃俗』―渡来系氏族の姓と出自の問題―」（『日本古代国家の民族支配と渡来人』校倉書房、一九九七年、初出一九九六年）に指摘されている。

＊33　西村さとみ「『唐風』と『国風』」田中史生編『古代日本と興亡の東アジア』古代文学と隣接諸学一、竹林舎、二〇一八年。「和俗の創造」『平安京の空間と文学』第六章、吉川弘文館、二〇〇五年。

＊34　小川豊生「和歌風俗論序説―〈和歌は我が国の風俗なり〉を起点に―」『講座平安文学論究』第一七輯、風間書房、二〇〇三年。

＊35　新編日本古典文学全集『土佐日記・蜻蛉日記』（小学館、一九九五年）より引用。同歌は、『古今和歌集』（巻第九、羈旅歌）には「あまの原ふりさけみれば春日なる三笠の山にいでし月かも」とあり、その左註に歌意を伝えた経緯は記されていない。長らく彼の地で暮らした仲麻呂が、通訳を介してこうしたやり取りをすることは考えがたく、貫之の創作と見なされている。なお、紀貫之の和歌観の歴史的意義については、前掲注33「和俗の創造」で言及している。

＊36　『土佐日記』正月二一日条、二月五日条。

＊37　三上喜孝氏は、前掲注16論文において、仁藤敦史「初期平安京の史的意義」（『古代王権と都城』吉川弘文館、一九九八年。初出一九九四年）に指摘されている、都城を中心とした観念的な空間認識の形成の一因として、平安初期に蓄銭を禁止し、畿外の銭貨を回収して京畿に流通させる方針が貫かれたことを挙げておられる。なお、前代とは異なる京と諸地域をめぐる空間認識のありようについては、前掲注33『平安京の空間と文学』第一章、第二章でも検討を加えている。

第八章

疫病と仏教導入とその日本化

斉藤　恵美

はじめに

仏教は六世紀の半ばに公伝した。『日本書紀』によると、欽明天皇一三年（五五二）に百済《くだら》の聖明王《せいめいおう》から、釈迦仏の金銅像などとともに上表文が献上された。そこには、この「法」（＝仏法）は諸法のなかでもっとも優れたもので、理解するのはたいへん難しいが、「無量無辺福徳果報《むりやうむへんふくとくくわほう》」を生み、「無上菩提《むじやうのぼだい》」を得ることができるもので、この法が天竺《てんじく》から三韓に伝わるあいだ、仏の教えに従い尊敬しないところはない、とあった。*1

つまり仏法というのは非常に難解だが、計り知れない大きな善行とそれによる善《よ》い結果を生み、そしてこのうえない智慧《ちえ》が獲得できる、そのためには仏の教えを信じ従うことが必要だというのである。これを受けて欽明天皇は、自身では礼拝の可否を決めかねるとして群臣の審議にかけた。蘇我稲目は諸国が礼拝するという理由で崇仏《すうぶつ》を、物部尾輿・中臣鎌子は「蕃神」を礼拝することで「国神」が怒ると主張し、ここに蘇我氏と物部氏の崇仏論争がはじまった。天皇は、稲目に試しに仏教を信仰させたが、その後国内で疫病が流行し、多くの死者が出た。その原因を仏教信仰に求めた物部・中臣氏の意見が容れられ、廃仏が行われた。

その後もこの論争は続き、敏達・用明天皇の時代を通して仏教導入は疫病と関連して語られた。*2 しかし用明天皇の没後、皇位後継争いが起こり、諸皇子・諸群臣と蘇我馬子（稲目の子）の連合軍に物部守屋（尾輿の子）が滅ぼされたことで、決着をみた。その争いには馬子側に聖徳太子*3（厩戸皇子）が参戦しており、馬子とともに戦勝を仏法の守護神に祈願していた。守屋の行動は天下を乱すものとされ、*4馬子側の勝利は仏教によってその乱れが正されたということでもある。その後、太子は推古天皇の皇太子として、馬子と天皇を補佐し、天皇の詔を受けて仏教を興隆させていったのである。

疫病が流行したのは、仏教導入を審議している最中であった。物部氏の主張は、天皇は「天地社稷百八十神」をまつるからこそ我が国の王なのだというもので、*5初動対策はその主張を容れて廃仏を行ったが効果はあらわれず、国の民が絶え果てるほど死ぬ事態に陥った。これは疫病に対して、国の民を生かすために新たな手立てを講じるでもなく、従来通りの方法で対処した結果であった。つまり、この疫病によって、従来の王のありかたでは疫病という非常の事態に対処できないことが暴露されたのだ。こうしたありかたは、用明天皇が仏教に帰依したことで見直される。用明天皇が疫病で崩御したのを最後に疫病関係の記事が見えなくなることや、以後の仏教の興隆をみても、仏教の採用が新たな王のありかたを示し、非常時に国の民を死なさない政治のありかたを構築する手立てとなったといえよう。それゆえ旧態の体制を固持する守屋の行動は、天下を乱すものとされたのである。

このように、疫病は非常時として、通常時においては見えにくかった問題を露《あらわ》にし、さまざまなもののありかたを変える契機となる。非常時に導入された仏教は、何を変えたのだろうか。

聖徳太子の仏教

十七条憲法の作成

新たな王のありかたを示し、天下を正すために、なぜ仏教が採用されたのだろうか。推古天皇一二年（六〇四）に、聖徳太子によってつくられた十七条憲法には次のようにある。

一曰、以レ和為レ貴、無レ忤為レ宗。人皆有レ党。亦少二達者一。是以、或不レ順二君父一。乍違二于隣里一。然上和下睦、諧二於論一レ事、則事理自通。何事不レ成。

［読み下し文］

一に曰《い》はく、和《やはら》ぐを以《も》て貴《たふと》しとし、忤《さか》ふること無きを宗《むね》とせよ。人皆党《たむら》有り。亦達《またさと》る者少し。是《ここ》を以て、或いは君父に順《したが》はず。乍隣里《またさととなり》に違ふ。然《しか》れども、上和《やはら》ぎ下睦《むつ》びて、事を論《あげつら》ふに諧《かな》ふときは、事理《こと》自《おの》づからに通《かよ》ふ。何事が成らざらむ。*6

十五曰、背レ私向レ公、是臣之道矣。凡人有レ私必有レ恨。有レ憾必非レ同。非レ同則以レ私妨レ公。憾

起則違レ制害レ法。故初章云、上下和諧、其亦是情歟。

［読み下し文］

十五に曰《い》はく、私を背きて公に向くは、是《これ》臣が道なり。凡《すべ》て人私有るときは、必ず恨《うらみ》有り。憾《うらみ》有るときは必ず同《ととのほ》らず。同《おなじか》らざるときは私を以《も》て公を妨《さまた》ぐ。憾起るときは制に違ひ法を害《やぶ》る。故、初の章に云へらく、上下和《あまな》ひ諧《ととのほ》れ、といへるは、其《そ》れ亦《また》是《こ》の情《こころ》なるかな。*7

人は徒党を組んで君主や父に従わずに争いを起こすもので、それは物事の道理に通達した人が少ないためだとする。物事の道理に通達し争いを起こさなくするためには、上下の者が和諧して話し合うことが必要となる。この上下の和諧というのは、「私」に背いて「公」に向かって進む臣下の心得がないと実現しないのだが、この心得は法や制度を順守する心情でもある。

法は行動や判断・評価などの拠所《よりどころ》となる基準や原理である規範に則《のっと》って定められるものであり、善悪や是非を決める。そしてそれは「凡夫《ただひと》《ぼんぷ》」である者には定められず、*8 その規範を与えられるのは王（君主）だけである。そうであるから詔には必ず従うことで万事がうまくいくのだ。*9 王にそれが可能な理由として、

二曰、篤敬二三宝一。三宝者仏法僧也。則四生之終帰、万国之極宗。何世何人、非レ貴二是法一。人鮮二

尤悪㆒。能教従之。其不㆑帰㆓三宝㆒、何以直㆑枉。

［読み下し文］

二に曰《い》はく、篤《あつ》く三宝《さむぼう》を敬へ。三宝とは仏・法・僧なり。則《すなは》ち四生《よつのうまれ》の終帰、万の国の極宗《きはめのむね》なり。何《いづれ》の世、何の人か、是《こ》の法を貴びずあらむ。人、尤《はなはだ》悪しきもの鮮《すくな》し。能《よ》く教ふるをもて従ふ。其《そ》れ三宝に帰《よ》りまつらずは、何を以《も》てか枉《まが》れるを直さむ。*10

万物のありかたの本源である仏法を尊び、仏教（三宝）に帰依しているからだという。では、なぜ仏教に帰依することで正しい政治が行えるとされたのだろうか。

仏教と聖徳太子

まず、諸法のなかでもっとも優れたもので、理解するのはたいへん難しいとされながらも、「無量無《むりやうむ》辺福徳果報《へんふくとくくわほう》」を生み、「無上菩提《むじやうのぼだい》」を得ることができるものであるとされていた仏法とは何であろうか。また、三宝＝仏・法・僧とは何であろうか。

仏教は紀元前六世紀から前五世紀頃に、釈尊によって開かれた。その教えは人間の生きるべき道を明らかにしたもので、この道と、それを構成する心・身の諸要素を法（ダルマ）と呼んだ。人生の苦しみから脱し、迷いの生存（輪廻）[*11]を断ち切って自由の境地に至る、それが解脱であり、涅槃《ねはん》という。そのために苦をもたらす諸要素としてのダルマの関係性（縁起）を明らかにしようとし、すべての存在は無常であり、無我であると説いた。また、涅槃に到達するための方法を提示し、その実践を説いた。[*12]悟りとは、存在のありかた――真理としての法、つまり、人間がどのような存在であり、いかにしてさまざまなものと関係しているのかということ――がわかることである。

釈尊自身はこの真理としての法を悟って仏陀（真理に目覚めた人）になったのだが、没後その教えからさまざまな解釈が生じ、紀元前三世紀頃から多くの部派・学派に分裂した。これらは伝統的保守的仏教・部派仏教（いわゆる小乗仏教）と呼ばれている。その後、紀元前後に新たな理念を形成していく思想変革の運動が広がり、大乗仏教が誕生した。

小乗仏教において、釈尊が現世において仏陀になったのは、過去世に何度も生まれ変わりながら、そのつど大いなる善行を積んだ結果であると考えられた。それはジャータカ（本生譚《ほんじょうたん》）などにみえる過去仏思想に端を発して、未来にも仏が出現し、釈尊に代わって救いの手を差し伸べるという未来仏（＝弥勒仏）の考えに行き着く。ここでの仏陀（仏）は特別で限定された存在であり、釈尊の身が滅した現在から次の弥勒仏出世までのあいだは、教えを説く仏は存在しない。そのため、仏教徒たちは伝承される教えを間接的に聞く声聞《しょうもん》に留まり、その最高の悟りの境地は現世において修業を完成し、もはや何も学ぶこともなく、輪廻の世界に戻ってこない境地に達した阿羅漢《あらかん》とされ、仏にはなれないとした。その背後には、釈尊は通常の人間ではなく、その仏身は通常の人を超えてすべてが円満・清浄であり、優れた能力をもつという考えがあったといえる。

そして小乗仏教のなかでもっとも優勢であった説一切有部《せついっさいうぶ》の思想では、いっさいのものは無常・無我であるという釈尊の教えを、次のように解釈した。あらゆる現象は瞬間的な性質そのものであり、各瞬間に生滅するとした。一方ではそのような存在の背後には、過去・現在・未来の三世に亘《わた》って恒常な本体があり、認識される存在は、現在一瞬において作用と結合して現象したものであると定義し、三世《さんぜ》実有《じつう》な本体と瞬間的存在である現象とによる二重の世界観を展開した。認識や作用によって顕現し、刹那ごとに生滅する世界の背後には、恒常な実体の世界があり、それは実際に有ると考えたのである。*13

それゆえ歴史上の釈尊は悟って仏となったが生滅するため生身《しょうじん》（色身《しきしん》）とし、その教法や成就した功徳は恒常であるとして法身《ほっしん》と呼んだ。釈尊をして仏たらしめたのは、その肉身の奥底に見いだされた、仏をして仏たらしめる根拠としての目に見えない理仏であって、釈尊は特別な存在であった。

こうした仏陀を開祖である釈尊のみに限定し、輪廻から脱することはできても、もはや仏陀と同様の境地になることは不可能であるため、常住不変《じようじゆうふへん》の境地に自身が赴くことだけを目標とした小乗仏教の自利の考え方に対して、瞑想《めいそう》体験をとおして直接仏陀にまみえることが可能であり、自身も釈尊が菩薩《ぼさつ》として過去に歩んだのと同様な道を歩むことによって、仏陀と同じ境地に至ることができると考えたのが大乗仏教の思想を提唱した人びとであった。

釈尊の得た悟りとは、前述のようにすべての存在が無常・無我であるのを体得することであり、それは存在の関係性を明らかにすることで得られるものであった。彼らはみずからも釈尊と同じ悟りを得ることを究極の最終目標として、釈尊が悟りを得る前に行った慈悲行を実践し続けて諸徳を積み上げる利他の精神を重視し、それを行う者を菩薩と呼んだ。輪廻を繰り返しながら長大な時間をかけて菩薩の行いを続けることで釈尊と同じ悟りを得て、みずからも仏陀になれるとしたのである。こうして仏法は「仏の説いた教え」であるとともに、「仏となる教え」になったのである。*14

こうした転換によって、色身は生滅の現実身を指し、法身は不滅の真理である法と一体になった永遠身のことだとされた。ここから、釈尊のみではなく過去・現在・未来にわたり他方の世界に同時に多くの仏（仏陀）が存在するという思想が生まれた。その思想を受けて、一世紀以降には「般若経」「法華経」「無量寿経」「華厳経」*15 などの初期大乗経典が編纂された。*16

釈尊の説法は、聞き手の能力に応じてレベルを変えるという巧みな手段（方便）を使って、本来ならば言葉にできない真理を説くもので、その場で完結するものであるがゆえに、文字として残さなかった。しかし釈尊とその教えが歴史上の一個人を超えて信仰される過程で、釈尊の言葉を受け継ぎ語り継ぐ者の存在が必要となっていった。釈尊の教えを書き記すためには、釈尊の膨大な教えを聞き、理解するために解釈しなくてはいけない。それを担ったのが僧であった。

以上のことから、仏法というのは真理としての法、つまり世界を構成するすべての存在のありかたそのものである。そしてそれを悟ることが「菩提」であり、すべてのありようを知り体現するのが仏であって、人である仏が説いた教えそのものも、真理であるため仏法となる。そしてその教えを解釈し語り継ぐ者が僧である。よって仏・法・僧の三宝により、すべてのありようを知るための教えである仏法を知ることができるのだ。

では、何をすれば王がすべてのありようを知るための教えを体得できるのだろうか。聖徳太子は十七条憲法をつくったあと、『勝鬘経《しょうまんぎょう》』『法華経』を講説したとされるが[*17]、その『法華経』には次のようにある。

この故にわれは説く「如来の滅後に、若《も》し受持《じゅじ》読誦《どくじゅ》し、他人のために説き、若しくは自らも書き、若しくは人をしても書かしめ、経巻《きょうかん》を供養すること有らば、復《また》塔寺を起《た》て及び僧坊を造り衆僧を供養することを須《もち》いざれ」と。況《いわ》んや、また人有りて、能くこの経を持ち兼ねて布施・持戒《じかい》・忍辱《にんにく》・精進・一心・智慧《ちえ》を行ぜんをや。その徳、最勝にして無量無辺ならん。（「分別功徳品《ふんべつくどくぼん》」[*18]）

この経典を受持・読誦・解説・書写すれば、その功徳は絶大なため、寺塔の建立や僧に供養する必要もないのだが、この経を記憶しさらによく利他の修行をすれば、その功徳により悟りに至れるとする。つまり仏の教えを学修し、人びとのための行いをすることで仏法を体得することができるとされているのである。

太子は仏法を学び修め人びとの苦しみを救った[*19]と評価されており、仏法を体得した者と見なされていたと考えられる。仏教（三宝）への帰依は、すべてのありようを知る者であることの証拠なのである。そうであるから、太子は規範を与えられる者として法をつくったのだ。以上のことから、仏教に帰依することで規範を示すことが可能となり、法を制定して正しい政治が行えるとされたのである。

疫病と十七条憲法

欽明天皇の時代から続いた疫病は、その対処として、仏教の帰依に裏打ちされた王による規範の創出と法の制定を生み出したが、それがなぜ非常時に国の民を死なさないための方法となったのだろうか。

仏教採用以前の疫病への対策は、物部氏の主張にあるように、天皇が神祇祭祀《じんぎさいし》を行うことであった。それは崇神天皇の時代に起きた疫病の大流行時に採用された方法であったと考える。崇神天皇の時代の神祇祭祀には二つのまつりかたがあった。一つに、災厄は神々の秩序の崩れにより引き起こされるものであるため、[*21]その秩序回復により災厄を収めることを目的にまつるというもの。二つに、非常時に民を生かすために、始祖神をまつるというものである。

小路田泰直氏によると、この人口の半分が死ぬという未曽有の事態を経験するなかで、疫病流行に伴う飢餓の蔓延《まんえん》や社会的不公平への不満の爆発である内乱から社会を守るために、常日ごろから食糧を備蓄・確保する体制を整え、租税の賦課を通じて富める者から貧しき者への富の再分配を行う構造を築くことが当時の王権の課題であったという。そのためには「農」を「国の本」として、農民という身分を構築するという農本主義的イデオロギーを確立する必要があった。それは農本主義国家の王たる者が、誰もが忌避する労苦に満ちた行為である農業という食糧生産のために欠かせない、己の欲求を抑えること（禁欲）をよくなしうる者であるということを前提としていた。

そして身分制の構築は、血統による差別（氏姓制）を持ち込むことであり、王は血統によって他から超越した存在でなくてはならなかったため、世襲王制の確立が急がれたのだという。[*22] この世襲王制確立のためには、血統のはじまりである始祖神を設定する必要があり、その始祖神をまつることは、自身が王であるこの国が、農業を国の基として民の生きていく拠所《よりどころ》とする国であることを示すこと、確認することであったと考える。

さらに小路田氏は、世襲王制の問題として、本来農本主義国家の王には禁欲という美徳が求められるものだが、血統は王の「賢」や「徳」を保障しえないため、それを保障しうる方法の確立が必要になったという。それが人の内面に宿る万物の造物主である神・高皇産霊神《たかみむすひのかみ》の発明であった。[*23]

物部氏が主張した天皇の神祇祭祀は、災厄を収め、このような血統と内面の有徳を保障された超越的な王を確認することで、農業を国の基とする以前の状態に復すための方法であったのである。しかし実際の食糧生産の現場は、天皇・王族・豪族により各自で私的に支配されている状態であったため、国家のめざした方針通りにいっていたかは疑わしい。疫病時に多くの人が死んだことをみると、その通りにはいかなかったようである。小路田氏も指摘する通り、人の内面に宿る神は王の心の中の問題で、客観的に検証する方法がなかった。[*24] それゆえ王の求心力は弱く、理念を形にして提示することができなかったといえよう。

　この状況を打破するための方法が、仏教帰依という事実により、すべてのありようを知っていることが客観的に検証可能な、規範を与えうる王と、その規範を守る官人としての臣下の創出であったと考える。それが仏教導入の理由だったのである。

　十七条憲法は、前年に施行された冠位十二階と不可分のものとして構想されていた。冠位十二階において、冠位は個人に授けられ世襲されないことから、この制度は氏姓制による豪族の特権（世襲される職務に基づく土地や人の支配）を原則的に否認し、王権に直接仕える官人をつくり出すものであった。その官人のありかたとして、十七条憲法では、「善」を明らかにし「悪」をただすこと（第六条）[*25]、私欲（「饕《あちはひのむさぼり》」「欲《たからのほしみ》」）を捨てること（第五条）[*26]、嫉妬をしないこと（第十四条）[*27]を挙げ、官人は「賢哲」の人であること（第七条）[*28]を求めている。

　このように、規範を与え法を制定する王と、私を捨てて法を順守する官人としての臣下を創出することで、民からの搾取をなくし（第十二条）[*29]、時節にあった農業経営を指示して（第十六条）[*30]、人びとを養う国家をめざしたのである。そして同じく仏教に帰依していた蘇我氏は、私を捨て上下和諧を可能たらしめる臣下の鑑として、こうした王と臣下の序を保つ要の役割を担ったのではないだろうか。

このように氏姓制によらない王が直接人びとと関係を結ぶ中央集権的国家の構築を志向することによって、災厄は天災と人災に分けてとらえられはじめたのではないだろうか。突如起こるのが天災で、天災による食糧不足などで人が死ぬことは、国家機能がうまく働かないことから引き起こされる人災であるといったようにである。人災は官人の創出により克服されうるものであるが、それが可能であるためには、農本主義の中心にいる天皇の血統が絶えないことが大前提となる。仏教に帰依しながらも、推古天皇は引き続き神祇祭祀を行っているが、それは天災が起こらないことと、王である天皇の血統が絶えないことを祈るために行われたのだといえよう。

大化の改新と国家仏教

明神としての天皇

しかし規範の源泉に仏教をおき上下和諧を旨とした形態は、その後断念される。

推古天皇二八年（六二〇）に皇太子であった聖徳太子が五〇年にも満たない生涯を閉じると、数年後、太子とともに仏教の興隆を図った蘇我馬子も没し（推古天皇三四年）、推古天皇も後継者を定めることなく崩御（同三六年）したため、次期天皇をめぐって群臣のあいだで争いが生じた。そのなかで馬子の子孫である蝦夷・入鹿が専横を極め、聖徳太子の子孫を滅ぼすなど、「君臣長幼之序」[*31]を失い国家を我が物にする態度を示すようになった。前述のように、蘇我氏は仏教帰依により君臣の序を保つ要としての役割を担っていた。その蘇我氏によって秩序崩壊の危機がもたらされたのである。

十七条憲法は理念として定められたものであり、冠位十二階制度も施行の範囲は畿内とその周辺（伊勢・近江・紀伊）に限られていたようで、地方豪族や有力豪族層には及ばなかった可能性が大きいようである。[*32] 規範の源泉に仏教をおき上下和諧を旨とした形態は、早すぎた聖徳太子の死によって実現しきれないままとなり、実際には氏姓制に則《のっと》った豪族の合議により天皇が支えられるという状態が続いたのである。

こうした事態を受けて、仏教を中心に据えた規範の創出と君臣秩序の建設が不可能であることを悟った中大兄皇子は、乙巳《いっし》の変を起こして蘇我宗家を滅ぼし、皇極天皇に代わって即位した孝徳天皇の皇太子として、新たな試みを行ったと考える。それは、仏教に帰依すること以外で、いかにすれば天皇が規範をつくり出す存在となりえるのかという問題に対して、「天孫」[*33]である天皇は、明神《あきつみかみ》として人でありながら神であるという構造を築くことと[*34]、氏姓制によって支えられる国家の仕組みを改め、官人を介して王が直接人びとと関係を結ぶ中央集権的国家の構築をめざす具体的な法を制定することであったと考える。

天孫としての天皇が人でありながら神であるという構造は、前述の始祖神と内に万物の造物主の神を宿す王という、仏教導入以前の王のありかたを基本にしている。以前は神の内在化を客観的に提示できないことがネックとなっていたが、仏教においてすべてのありようを知る者は仏であるという考えかたが導入されると、天皇は神が内に入った王である、ではなく、天皇は内なる神と一体であるため人であり神そのものである、という構造に変化した。そしてそれは、天皇が万物の造物主そのものであるため、天災すらも天皇のありかたに規定されるという思想をつくり出した。

そのため天皇は、内なる神の声を聞き、神々の秩序を守るため、まず神祇《じんぎ》祭祀《さいし》を行い、それから政事を図るというスタイルが確立されたのだと考える。[*35]大化の改新で中大兄皇子が神に仕える家系の中臣鎌足と手を組んだのも、聖徳太子が蘇我氏とともに仏教を興隆させた事例と同様の理由によるのかもしれない。

かくて明神として法を立てる存在となった天皇は、より確たる農本主義国家を建設すべく、改新の詔からはじまる一連の具体的制度を定めていったのである。大化の改新以降律令体制が整えられていくのはこうした文脈の上にある。

仏教の国家儀礼化

このような国家が建設されていくなかで、以前まで王による規範の創出の源であった仏教は、どのような位置を占めたのだろうか。

大化の改新以降、天皇主導の「護国」のための仏教儀礼が催されるようになり、天武朝から実質的な国家仏教の整備がはじまった。内実としては、災厄の発生時に神祇祭祀とともに行われる仏教儀礼や[*36]、『金光明経《こんこうみょうきょう》』や『仁王経《にんのうきょう》』などの護国経典の読誦《どくじゅ》儀礼などである[*37]。持統天皇八年（六九四）には『金光明経』一〇〇部を諸国に送り置き、毎年正月上弦に読誦させるという、諸国における仏教儀礼の制度化がはじまった[*38]。また、「国家の寺院」「天皇の寺院」を象徴する大寺院も天武朝から建立されるようになり、平城京遷都後もその数は増え続けた。こうした寺院において、天皇や貴族の追善や病気平癒、護国のための仏教儀礼が行われたという。そしてこのような仏教儀礼を行うのは、律令制に規定された「官僧」であり、彼らの行動規範として大宝元年（七〇一）に僧尼令が定められた[*39]。

このように僧尼の官人化と仏教の国家儀礼化は、王の全知性が神により保障される状況においては、仏教に求められる役割が現象を解釈することに移行した結果であると考える。そもそも仏教における法は、世界を構成するすべての存在のありかたそのものであり、それを体得した者が仏であるというものであった。しかし仏教による悟りが諦められたことで、法を感得できなくても、残された正しい仏の教えである仏典を修学することで、現象としてあらわれたことを読み解く能力を習得できるとされたのではないだろうか。それゆえ学問仏教として、僧尼は教学の研鑽《けんさん》に励んだのである。

さらに現象は、神々の秩序から立ちあらわれるということで、現象を解釈するということは、そのありようを因果関係に落とし込むことでもある。そのため僧尼は官人として、神祇祭祀を行うことで内なる神の声を聞き神々の秩序を守ろうとする天皇に、神々のありようを伝えるという任に当たったといえよう。また、仏の教えである仏典の言葉が正しいものである以上、経典の受持《じゅじ》・読誦・解説・書写によって国家の安寧がもたらされるという護国経典の言葉は、疑いのないものとして受け止められたため、国家儀礼としての経典読誦が行われたのである。

しかしこのようにして展開した国家仏教は、仏教による悟りが諦められたことで、法である真理が人から隔絶していくという問題を内に抱えることになったのである。

天平の疫病と聖武天皇の仏教政策

像法の中興

天平七年（七三五）、遣唐使帰国ののち、大宰府から疫病の流行がはじまった。その疫病は平城京にも広がり、天平九年には政権を担っていた藤原四兄弟をも死に至らしめた。この疫病の大流行に対して、聖武天皇はどのように対応したのだろうか。前述のように、当時にあって天皇は、明神《あきつみかみ》として万物の造物主そのものであるため、天災すらも天皇のありかたに規定されるという存在であった。その思想に則《のっと》り、神祇《じんぎ》祭祀《さいし》や護国経典の読誦《どくじゅ》儀礼、物資や薬の支給、免税、大赦などが行われた。疫病とそれに伴う困難は、すべて天皇の不徳に責任があるとして、社会の疲弊を復興するための政策が取られたのである。

その政策に不満をもったのが藤原広嗣で、大宰府で挙兵した。この内乱の最中、聖武天皇は関東行幸を決行するが、それは連動した内乱を防ぐ目的があったとされている。[*40] そして平城京には帰らずに、そのまま恭仁《くに》京へ入り遷都してしまった。

その恭仁京において、次の詔が下された。

朕以薄徳、忝承重任。未弘政化、寤寐多慙。古之明主、皆能光業。国泰人楽、災除福至。脩何政化、能臻此道。頃者、年穀不豊、疫癘頻至。慙懼交集、唯労罪己。是以、広為蒼生、遍求景福。故前年、馳使増飾天下神宮。去歳、普令天下造釈迦牟尼仏像、高一丈六尺者、各一鋪、并写大般若経各一部。自今春已来、至于秋稼、風雨順序、五穀豊穣。此乃、微誠啓願、霊貺如答。載惶載懼、無以自寧。案経云、若有国土講宣読誦、恭敬供養、流通此経王者、我等四王、常来擁護。一切災障、皆使消殄。憂愁疾疫、亦令除差。所願遂心、恒生歓喜者、宜令天下諸国各令敬造七重塔一区、并写金光明最勝王経・妙法蓮華経各一部。朕、又別擬、写金字金光明最勝王経、毎塔各令置一部。所冀、聖法之盛、与天地而永流、擁護之恩、被幽明而恒満。*[41]

国分寺・国分尼寺建立の詔である。諸国に七重塔を建立し、『金光明最勝王経《こんこうみょうさいしょうおうきょう》』『法華経』を書写させるというものであるが、このような事業をしようとしたのは、聖武天皇が自身の薄徳《はくとく》ゆえに民を導く政治を行えないという苦悩が根本にあったようである。近年の疾病や不作はすべて薄徳の自分の罪だと悩んだのだが、全国の神宮を修繕させ、釈迦仏像を造らせ『大般若経』を書写させたところ、風雨も順調で五穀もよく稔った。不思議な賜りものがあったのかと畏れかしこまり、自分の心が休まらない。しかし『金光明最勝王経』の言葉には、王がこの経を講宣《こうせん》・読誦・供養・流通させると、常に四天王が擁護していっさいの災障・憂愁・疾病は消え、諸々の願いも叶うだろうとあるため、その言葉通りの事業を行うのだとする。そしてこの事業によって仏法が盛んになり、この世界に長く伝わり、四天王の擁護の恵みが生きているあいだも死んで輪廻するあいだも満ちることを願う、ということである。

聖武天皇は自分自身のありかたがすべてを決定してしまうため悩んでいたのだが、神宮の修繕や仏像造立などによって万事解決した。ところが天皇自身はその行為がなぜ解決につながったのかがわからなかったのである。しかし、わからなくても事はうまく運んだ。万事の成り行きは、自分の判断が可能な自身のありかた如何で決まるわけではないということに気づいてしまったのではないだろうか。これは、自分の中にすべてのものがわかるという存在がいないことへの気づきである。だから災厄は自分の責任ではない。

では物事を決める意志はどこにあるのだろうか。その意志を媒介するのが仏典の言葉だったのである。仏典の言葉は真理である法が、法に支えられた釈尊の言葉によって綴《つづ》られたものである以上、正しい言葉なのである。だから聖武天皇は仏典の言葉に従い、国家と人びとの安寧のために国分寺・国分尼寺建立を決めたのだ。

このことは、天平一五年正月に『金光明最勝王経』を転読させるために、多くの僧を金光明寺に招いた際の詞で、より鮮明に表明された。

為レ読二金光明最勝王経一、請二衆僧於金光明寺一。其詞曰、天皇敬諮二四十九座諸大徳等一。弟子、階二縁宿殖一、嗣二膺宝命一。思レ欲下宣二揚正法一導中御蒸民上。故以二今年正月十四日一、勧二請海内出家之衆於所レ住処一。限二七七日一転二読大乗金光明最勝王経一。又令下天下限二七七日一禁二断殺生一及断中雑食上。別於二大養徳国金光明寺一、奉レ設二殊勝之会一、欲レ為二天下之模一。諸徳等、或一時名輩、或万里嘉賓、僉曰二人師一、咸称二国宝一。所レ冀、屈二彼高明一、随二茲延請一、始暢二慈悲之音一、終諧二微妙之力一。仰願、梵宇増レ威、皇家累レ慶、国土厳浄、人民康楽、広及二群方一、綿該二広類一、同乗二菩薩之乗一、並坐二如来之座一。像法中興実在二今日一。凡厥知見、可レ不レ思哉[*42]。

聖武天皇は、仏弟子でありながら前々からの縁によって皇位についているため、その天皇という立場で仏法をこの世に広くあらわし、民を導き治めたいとしている。そのため国中でさまざまな仏事を行おうというのだが、その模範となる法会をこの金光明寺で設けるのだという。その法会に招かれた僧は人の師といわれる国の宝で、彼らには経文を読誦することで仏の慈悲の言葉を伝え、深遠で優れた力を整えることが望まれている。このような仏事が国中で行われることによって、寺院が威厳を増し、天皇家に慶《よろこ》びが重なり、国土は浄《きよ》められ、民が安らかに楽しみ、そのような状態が永く広くゆきわたることで、皆同じく菩薩《ぼさつ》の乗り物に乗って、如来の境地に至ることが願われている。そして今こそが像法《ぞうほう》の中興の時なのだという。

像法とは、釈尊滅後に仏教が衰退していくとして設定された時代区分のひとつで、仏の教え（教）とそれを学ぶ修行僧（行）はいるが、悟り（証）が得られない時代のことである。疫病とその後の社会疲弊や混乱を通じて、万事を決めるための全知は人のなかにはなく、物事を決める意志は真理の法にあると気づいた聖武天皇にとって、悟りは必要のないものであることは明白だった。真理の法の媒介である仏の教えと、その言葉を伝える僧が備わっていれば十分なのである。

そして像法の中興とは、実際にこの世界で国を治める王の自分が、そのことに気づいたからこそなし得るのだ。自分の判断を放棄したからこそ、仏の教えを広める事業が仏の言葉のままに行われ、結果、万事があるべきように定まり、民の幸福がもたらされる、それこそが像法の中興なのである。

盧舎那仏の造立

ただし、経典にしたがって仏事をなすことだけが、真理の法を現出し人びとを救う方法だったのではない。もう一つの方法が盧《る》舎那《しゃな》仏《ぶつ》の造立だったのである。

詔曰、朕以㆓薄徳㆒、恭承㆓大位㆒、志存㆓兼済㆒、勤撫㆓人物㆒。雖㆔率土之浜、已霑㆓仁恕㆒、而普天之下、未㆑洽㆓法恩㆒。誠欲㆘頼㆓三宝之威霊㆒、乾坤相泰、脩㆓万代之福業㆒、動植咸栄㆖。粤以㆘天平十五年歳次二癸未一十月十五日上、発二菩薩大願一、奉レ造二盧舎那仏金銅像一躯一。尽二国銅一而鎔レ象、削二大山一以構レ堂、広及二法界一、為二朕知識一。遂使下同蒙二利益一共致中菩提上。夫有二天下之富一者朕也。有二天下之勢一者朕也。以二此富勢一造二此尊像一。事也易レ成、心也難レ至。但恐徒有レ労レ人、無三能感レ聖。或生二誹謗一、反堕二罪辜一。是故、預二知識一者、懇発二至誠一、各招二介福一、宜三日毎三拝二盧舎那仏一。自当下存レ念各造中盧舎那仏上也。如更有レ人、情下願持二一枝草一把土一助中造像上者、恣聴之。国郡等司、莫下因二此事一、侵二擾百姓一強令中収斂上。布二告遐邇一、知二朕意一焉。[*43]

これは先ほどの像法の中興の詞と同年に下された大仏造立の詔である。ここでも聖武天皇は三宝《さんぼう》の威光と霊力に頼り、この事業（盧舎那仏金銅一体の造立）を行うことで、天地の安泰と、生きとし生けるものの繁栄を望んでいる。そしてこの盧舎那仏を造ることは、「菩薩大願《ぼさつのたいがん》」であり、この大願を「法界《ほっかい》」に及ぼして天下のもののいっさいを自分の「知識」とし、ついには皆同じく利益を受け、ともに菩提《ぼだい》に至ることをめざしている。この望みが実現することをみずからも思ってすすんで盧舎那仏を造るのが、この事業に預かる「知識」であり、それ以外にもわずかな資材を持ち寄って造立を助けたいと願う者がいれば、その通りに助けてもらい、皆でこの盧舎那仏を完成させようというのである。

盧舎那仏は『華厳経』の本尊で、人が認識できる事象世界の仏ではなく、時間も空間も超越し、無限の存在である絶対的な法の象徴としての仏である。その智慧《ちえ》の光は宇宙に遍満して一切の衆生を照らしており、その光を受けている一切の衆生は本来仏の智慧が具《そな》わっているのだという。そしてこの『華厳経』でもっとも大切な教えを端的にあらわすのが「法界縁起《ほっかいえんぎ》」の思想となる。*44 法界でのすべての存在のありかたは、「一切の事物・現象が、真実それ自体の縁起のすがたとしてあらわれており、わずかの実体性・固定性ももたず、多くの鏡が照らしあうときに互いに限りなく互いの影を現出するように、重重無尽にかかわりあう」*45 といったものであり、法界というのは、この世界でありそれは同時に真理そのものの世界でもあるということなのだ。

この法界にあって盧舎那仏は存在のありかたそのものとして、相対的な関係性を象徴するものだが、事象世界においては超越者として法の隔絶性をあらわす存在となる。

この盧舎那仏造立の事業は、最終目的として、この世界のいっさいのものが安泰に繁栄して幸せに生きていくことにある。その実現には、皆の幸せのためにともに行動する「知識」の協力が必要で、そのような一人ひとりの利他の心によって、法を体現する存在ができあがるのである。知識というのは、目的を一にして金品や労力を出し合って造仏・造寺・写経などを行う活動仲間を意味するが、文字通りに知っていることの〈知識〉としてとらえることはできないだろうか。一つひとつの〈知識〉が寄り集まって完全な知が形成される、それがつまり「知識」の協力による盧舎那仏造立なのだと。それは完全な知の現出であり、そうなればこの世界は「法界」となり、いっさいの存在もあるべき状態となり、「菩薩大願」が果たされるのだ。

聖武天皇のこのような考えは、天平一二年の河内知識寺《ちしきじ》（智識寺）への行幸で盧舎那仏を見たことと、[*46]行基との出会いが背景にあると思われる。知識寺の全容は伝わらないが名前から推すに、知識により盧舎那仏造立がなされたのであろう。また、このような知識の合力は、よりよい社会をつくるため皆で協力し合うという行基の利他行に通底するものでもある。

行基は都や地方をあまねく廻《まわ》り、能力に応じて指導することで多くの人びとを教化した。また、弟子を率いて諸所の要害の地に橋を造り堤防を築いた。人びとは自発的にその仕事に協力し、長くその恩恵に浴したという。[*47]さまざまな思いをもった人びとを、他人と協力することでよりよい生活になると諭して大事業を成す――それは行基自身にとって他者への奉仕である――ということを可能にする人であったがゆえに、行基は菩薩と呼ばれたのではないだろうか。

これは、聖武天皇の「菩薩大願」が、「知識」というばらばらな人びとの協力により達成されることと同じ文脈でとらえられよう。それゆえ行基は弟子を率いて大仏造立のために勧進を行ったのであり、聖武天皇も行基を大僧正に任命したのである。

聖武天皇は疫病をきっかけに自身の中に神がいないことに気づき、もののありようの全体を知り、物事を決める意志はこの世界には存在しないとの結論に達した。代わって仏法こそがそれを担うと確信するのだが、この世界が順調に成立していくようにするには、真理の法を仏の言葉として伝える経典に従い行動するだけでなく、さまざまな人びとがみずから合意合力してよりよく生きる手立てを講じていくことにあるとしたのである。

以上が天平の疫病を経て、聖武天皇が行った仏教政策である。これはつまり、もはやこの世界には単独で規範を示して法を制定できる人は存在しないということでもあったのだ。

むすびにかえて——最澄と空海へ

人びとを律する規範がつくれなくなると、どうなるのか。聖武天皇以降の社会のありようがそれを如実に語っている。絶え間なく起こる内乱や政争、官人の不正の横行、浮浪・逃亡などによる農業の放棄など、さまざまな問題が噴出した。善悪の判断もなく、君臣秩序も乱れ、人びとの欲望が露呈する社会である。

こういった社会を「五濁《ごじょく》」*48「濁悪《じょくあく》」*49としてとらえ、それにどのように対峙《たいじ》していくべきかという答えを出したのが最澄と空海である。

まずは最澄の思想からみてみる。*50 最澄は、本来この世界は関係性の上に成り立っている法身《ほっしん》であり、その一部である人びとも本来的には法身なのだとした。人びとは法身の本性である仏性を有しているため、すべてのありようを知れば仏（法身）となるのである。そのための方法が、大乗菩薩戒《ぼさつかい》単受と一二年間の長期籠山修行で、それを経れば「菩薩僧」になれるという。この「菩薩僧」は、無限に近い遠い未来から繰り返し生まれ変わって菩薩の修行を続け、慈悲の精神を獲得し、自在に他者救済活動を行う弥勒・文殊などの大菩薩と同じ境地で、他者救済が完了した暁に仏となるのである。

「菩薩僧」になるには、受戒と籠山修行の前に、自身の煩悩の自覚が必要とされていた。煩悩の自覚化は、仏性——内なる仏（法身）——との対峙による内省によって可能である。言い換えると、仏性をもつ存在だから人は煩悩を自覚化できるということである。これは自身の感情や欲望をそれとして認識するという作業でもあり、それができることは救済の条件だったのである。

また、明確な煩悩の自覚は救済を求める。煩悩は、他者と関わり、ともに生きる社会の必然で、救済はその社会をよくする利他の行為となる。これは盧《る》舎那《しゃな》仏《ぶつ》造立の「知識」の行動と同じであるといえる。「知識」はよりよい社会をつくるために合意合力して行動していたが、煩悩の自覚による利他行も同様に、意見の一致をみるため話し合い、皆で力を合わせて行動するという考え方をつくり出したのではないだろうか。

最澄は煩悩にまみれた時代だからこそ、他者救済を行う「菩薩僧」を必要としたのだが、それはつまり、他者救済が終わるまで、誰一人として仏（法身）にはなれないということでもある。ということは、相も変わらずこの世界には規範を与えうる人が存在しないのだ。しかし最澄が見つけた方法は、皆で話し合いをして皆が合意するところを見つけることであった。その話し合いにより規範を創出して社会をつくっていく、それが最澄の思想がもたらしたものだったのではないだろうか。

次に空海である。空海は「濁悪」を以下のように述べる。

時に増減あり、法に正像あり、増劫の日は人はみな十善を思い、減劫の年は家ごとに十悪を好む。

正法千年の内には持戒得道の者多く、像法千載の外には護禁修徳の者の少なし。今に当って時はこれ濁悪、人は根劣鈍なり。*51

時には増減があり、仏法には正法像法がある。今はまさに人びとが誤った見識をもつため煩悩が盛んに起こり、そのため苦しみが多くなり寿命がしだいに短くなる時代で、人の能力・素質は劣り鈍っているという。

しかし、このような状況になったのは仏教のせいではなく、こうした時代であっても、戒をもち瞑《めい》想《そう》と悟りの智慧を得た人は出るのだという。むしろ国内の人びとが法に背くなど、忠孝の者が少ないのが原因である。仏者に過失はなく、経典読誦《どくじゅ》などで国家の恩に報い、瞑想座禅をしてさまざまな恩に答えている。その理由として、

それ法をば諸仏の師と名づく。仏はすなわち伝法の人なり。……一仏の名号を称して無量の重罪を消し、一字の真言を讃じて無辺の功徳を獲。*52

そもそも法は諸仏の師といわれるもので、仏はその法を伝える人なのだから、経典読誦や仏像の礼拝などは功徳があるのだとする。そしてその法にも次のような違いがある。

大にこれを論ずるに二種あり。一には顕教の法、二には密教の法なり。……密教とは自性法身大毘盧遮那如来、自眷属《じけんぞく》と自受法楽《じじゅほうらく》の故に説きたもうところの法、これなり。いわゆる真言乗とはこれなり。[*53]

またそれ顕教はすなわち三大の遠劫《おんごう》を談じ、密蔵はすなわち十六の大生を期す。[*54]

一たび聞き一たび見んもの　並びにことごとく煩《ぼん》を脱せん[*55]

顕教と密教の二つがあり、顕教は無限に近い長い時間の成仏への修行を説く。対して密教は「法身」である「大毘盧遮那如来」（＝大日如来）が自分の悟った教えを自身で楽しむために説いた法で、それが真言の教えであり、即身成仏をめざすものである。その方法は、一たびこの教え（「大毘盧遮那如来」の言葉）を聞き、一たび（「大毘盧遮那如来」の姿を）見ることとである。

空海は真理の法そのものである法身が、媒介もなしに直接話すという前代未聞のやり方で、正しい教えは真言であらわれているのだから、「濁悪」などは関係ないとした。しかし法身そのものがこの世界にあらわれているわけではないため、依然として真理の法である法身は超越者であり続けた。その法身の正しい教えを感得するには、手に印を結び、口に真言を唱え、心に本尊を観念するという、認識可能な言語表現を介さない方法がとられた。しかしその方法は、無限に近い長い時間の修行を説く顕教の修行方法と比べると、速成で簡易なものであり、超越者へのアクセスが簡単にできるものであったことは間違いない。

空海は、真理としての法は隔絶してはいるが、そこにつながるための簡易な手段が存在することを示したのである。そうであるから、真理の法を体得したい者には、修学ではなく肉体的修行を求めたのではないだろうか。

聖武天皇の仏教政策により示された真理の法の隔絶性と、さまざまな人びとがみずから合意合力して法身をこの世界に現出させるという方向性は、最澄と空海によって具体化され、現実に人が実行できうる教えとして、こののち発展していくのである。

疫病の大流行は、社会に深い爪痕を残し、以前と以後では、もののありかたが大きく変化する。仏教は二度の疫病により、受け入れられかたが大きく変わった。一度目は社会に規範を与える人の創出の根拠として、二度目は社会に規範を与える人は存在しないことの根拠として、である。これを経て、仏教は成仏をめざす本来のありかたから、本質的な悟りを求めないものへと変わっていった。この変化により仏教は、以後、日本独自の信仰形態を形成していくのである。

＊1　『日本書紀』欽明天皇十三年十月条。

＊2　『日本書紀』敏達天皇十四年（五八五）三月丁巳朔条。用明天皇二年（五八七）四月丙午条。

＊3　『日本書紀』に載る聖徳太子関係の記事は、史実とは違うものが多いとする意見も多数あるが（田中嗣人『聖徳太子信仰の成立』吉川弘文館、一九八三年など）、本稿では当該期に聖徳太子という存在が登場した意味を考察するため、その是非は問わない。

＊4　『日本書紀』用明天皇元年（五八六）五月条。

＊5　『日本書紀』欽明天皇十三年（五五二）十月条。

＊6　坂本太郎・家永三郎・井上光貞・大野晋校注『日本書紀』（四）（岩波文庫、一九九五年）九六頁。

＊7　前掲注6『日本書紀』（四）、一〇四頁。

＊8　「十曰、……彼是則我非。我是則彼非。我必非レ聖。彼必非レ愚。共是凡夫耳。是非之理、詎能可レ定。（十に曰はく、……彼是《よみ》すれば我は非《あしみ》す。我是すれば彼は非す。我必ず聖に非《あら》ず。彼必ず愚に非ず。共に是凡夫ならくのみ。是《よ》く非《あし》き理、詎《たれ》か能く定むべけむ。）」（前掲注6『日本書紀』〈四〉、一〇〇―一〇二頁）。

＊9　「三曰、……君言臣承。上行下靡。故承レ詔必慎。不レ謹自敗。（三に曰はく、……君言たまふことをば臣承る。上行ふときは下靡く。故、詔を承りては必ず慎め。謹まずは自づからに敗れなむ。）」（前掲注6『日本書紀』〈四〉、九八頁）。

＊10　前掲注6『日本書紀』（四）、九六―九八頁。

＊11　輪廻説は釈尊に先立つ「古ウパニシャッド」の段階で成立し、善く行うことでよく生まれ、悪く行うことで悪く生まれるという善因楽果・悪因苦果を説く業報説と結合していた（梶山雄一「インド仏教思想史―その発展の必然性について」『梶山雄一著作集　第一巻　仏教思想史論』春秋社、二〇一三年、初出：『岩波講座・東洋思想第八巻　インド仏教1』岩波書店、一九八八年）。

＊12　『岩波仏教辞典』第二版「釈迦」「八正道」の項。

＊13　前掲注11「インド仏教思想史―その発展の必然性について」、中村元『龍樹』講談社学術文庫、二〇〇二年。

＊14　「仏の説いた教え」「仏となるための教え」は、高崎直道氏の言葉をかりた（高崎直道『如来蔵思想の形成―インド大乗仏教思想史研究―』春秋社、一九七四年）。

＊15　『華厳経』の大体の成立は四世紀中頃以前とされているが、「入法界品」と「十地品」は三世紀中頃以前の成立と考えられている。上限としては漢訳年代からして、「名号品」を含む原形が二世紀初めにはすでに成立していたと推測され、「十住」「十地」「十定」「十忍」「如来出現（性起）」「離世間」の諸品が三世紀後半には出揃ってい

たことは確実であり、この経は大部分が初期大乗経典に属するものとみなされる（高崎直道「華厳思想の展開」『講座大乗仏教3　華厳思想』所収、春秋社、一九八三年）。

*16 これらの初期大乗経典は、現在我々が目にすることができるものの原形となったものであり、まったく同じものではないが、中心主題は同じであるといえる。

*17 『日本書紀』推古天皇十四年（六〇六）七月条、是歳条。

*18 坂本幸男・岩本裕訳注『法華経』(下) 岩波文庫、一九六七年、六〇頁。

*19 『日本書紀』推古天皇元年（五九三）四月己卯条。

*20 『日本書紀』推古天皇二十九年（六二一）二月条。

*21 谷口美樹氏によると、奈良時代までの日本では、諸現象の背後に秩序立った神々の存在を想定し、二元的に世界が把握されていたとする（谷口美樹「転轍機としての空海」歴史と方法編集委員会編『歴史と方法1　日本史における公と私』青木書店、一九九六年）。それゆえ背後世界の神の意思は理解不能であり、あるとき突然現象として顕現する。佐藤弘夫氏によると、あらゆる神々がみずからの意思を示すために起こす現象が「祟り」であり、よって古代における神は本質的に「祟り神」だという（佐藤弘夫『起請文の精神史─中世世界の神と仏』講談社選書メチエ、二〇〇六年）。

*22 小路田泰直編著『日本史論─黒潮と大和の地平から』敬文舎、二〇一七年。

*23 前掲注22『日本史論─黒潮と大和の地平から』。小路田氏によると、歴代の天皇は国家形成の始祖・天照大神の直系の子孫であると同時に、社会全体を表象する神・高皇産霊神を内に宿す存在であったという。氏はまず人の本質が他者依存にあるとし、捕食さえも他者依存するがゆえに分業社会が形成され、それは同時に他者への博愛を以て食を供給し続ける人を生み出したとする。そして彼らは農業革命をきっかけに寄留・奴隷・農民と化し、その一部が備蓄の発生などをきっかけに官僚化、公僕化したことで国家が誕生した。このようにして形成された支配集団（官僚制）は、その支配の正当性を生み出すために二柱の神を創出していく。彼らは本来的に外来の寄留民であり、地縁ではなく血縁集団として形成されねばならなかったため、まずは始祖神として天照大神を特定した。また彼らは個々の住民の支配者であると同時に住民の集合体である社会全体に対しては仕える存在であるため、社会全体を表象する神として存在するが、形の見えない抽象的な神・高皇産霊神を創出し、仕えた。高皇産霊神は万物創造主でもあり、万物、当然人にも宿り、指示を与える存在で、こうした神に仕えるということは、創造主の指示に従うことを意味していたという（小路田泰直「聖書と記紀から読み解く天皇論」小路田泰直・田中希生編『私の天皇論』東京堂出版、二〇二〇年）。

＊24　前掲注22『日本史論―黒潮と大和の地平から』。
＊25　前掲注6『日本書紀』(四)、九八―一〇〇頁。
＊26　前掲注6『日本書紀』(四)、九八頁。
＊27　前掲注6『日本書紀』(四)、一〇二―一〇四頁。
＊28　前掲注6『日本書紀』(四)、一〇〇頁。
＊29　前掲注6『日本書紀』(四)、一〇二頁。
＊30　前掲注6『日本書紀』(四)、一〇四頁。
＊31　『日本書紀』皇極天皇三年（六四四）正月乙亥朔条。
＊32　『国史大辞典』「十二階冠位」の項（執筆：黛弘道）。
＊33　『日本書紀』皇極天皇四年（六四五）六月戊申条。中大兄皇子は皇極天皇の前で蘇我入鹿に切りかかった理由として、天孫が継ぐべき皇位を蘇我氏が傾けようとしたためとする「鞍作尽二滅天宗一、将レ傾二日位一。豈以二天孫一代二鞍作一乎。蘇我臣入鹿、更名鞍作」。
＊34　即位後初の詔で「明神御宇日本天皇」と表現される（『日本書紀』孝徳天皇大化元年〈六四五〉七月丙子条）。孝徳天皇においては、このような表現は臣下や皇太子が天皇を指す場合に使われるが、斉明・天智天皇のときには使用されていない。『日本書紀』における使用例は、その後天武天皇が自身を「明神御大八洲倭根子天皇」（『日本書紀』天武天皇十二年〈六八四〉正月丙午条）とした一例のみだが、文武天皇以降は朝廷の大事の際の詔に用いられるようになった。
＊35　孝徳天皇は即位後、実務を開始する前に上皇・皇太子・群臣を集め、君臣秩序を乱さないという誓約を神祇に対して行っている（『日本書紀』孝徳天皇即位前紀・皇極天皇四年／大化元年〈六四五〉四月乙卯条）。また民が喜んで働くには、まず神祇祭祀を行い、次に政事をはかるのがよいという意見を受けている（『日本書紀』大化元年七月己卯条、庚辰条）。
＊36　『日本書紀』天武天皇五年（六七六）是夏条。
＊37　『日本書紀』天武天皇五年十一月是月条。
＊38　『日本書紀』持統天皇八年（六九四）五月癸巳条。
＊39　上原雅文『最澄再考　日本仏教の光源』ぺりかん社、二〇〇四年。
＊40　前掲注22『日本史論―黒潮と大和の地平から』。
＊41　『続日本紀』天平十三年（七四一）三月乙巳条。

＊42 『続日本紀』天平十五年（七四三）正月癸丑条。
＊43 『続日本紀』天平十五年十月辛巳条。
＊44 『華厳経』は中国において教相判釈が行われるなか、華厳教学として研究された。「法界縁起」はそこで提唱議論された思想である。
＊45 木村清孝『中国仏教思想史』世界聖典刊行協会、一九七九年、一一四頁。
＊46 聖武天皇は、知識寺で盧舎那仏を見たことで、自分も造ろうと思ったとのちに述べている（『続日本紀』天平勝宝元年〈七四九〉十二月丁亥条）。
＊47 『続日本紀』天平勝宝元年二月丁酉条。
＊48 最澄『願文』『伝教大師全集』巻一、一頁。
＊49 空海『秘蔵宝鑰』宮坂宥勝監修『空海コレクション1』ちくま学芸文庫、一一〇頁。
＊50 最澄の思想については、上原雅文氏の論考に多くを拠っている（前掲注39『最澄再考　日本仏教の光源』）。
＊51 前掲注49『秘蔵宝鑰』、一〇九―一一〇頁。
＊52 前掲注49『秘蔵宝鑰』、一二三頁。
＊53 前掲注49『秘蔵宝鑰』、一三一頁。
＊54 空海『請来目録』宮坂宥勝監修『空海コレクション2』ちくま学芸文庫、四一一頁。
＊55 前掲注54『請来目録』、四五四―四五六頁。

第九章

飢餓・疫病と農業・貨幣の誕生

村上 麻佑子

はじめに

われわれの社会で未曾有の災害、疫病の発生が起こったとき、真っ先に救済のために動きはじめることを求められ、また責任を問われる立場にあるのは誰か。それは、国家であり、行政組織である。当然のごとく皆そのように考え、国家運営、行政に携わる者たち自身もそれを自負している。

しかしながら、なぜ、国家は災害や疫病発生時に、民衆を救済しなければならないのだろうか。あまりにも当たり前のことであるが、「なぜ」と問われると、すぐさま答えるのは難しいのではないだろうか。

古代中国、春秋時代の覇者である斉《せい》の桓公《かんこう》が、宰相の管仲《かんちゅう》に人民を養い治める方法（「牧レ民何先」）を尋ねたところ、管仲は次のように答えたと伝えられる。

> 暴風雨が人民の災害を引き起こし、旱《ひでり》の水涸れが人民にとっての災禍となり、穀物が実らず、収穫がなく食料に飢え、穀物を抵当とする借金の利息が高く、人民のあいだに疫病が広がることがあります。このようなとき人びとは貧窮して疲弊します。そこで人民を養い治める者は、穀物倉・山林・湖沼を開放してその財貨物資を共有し、そのあとから政事に手をつけるようにして、人びと

への思いやりの心を先行させ、人民の疲弊を救助します。これが徳を先行させるやり方です。豊作時には人民の財貨を奪い取らずに穀物を収めさせ、凶作時には人民に財貨を施して恩恵の徳を失うことがない。人民の上に立つ者を富ませると同時に、下の人民の生活をも満足させることが、聖王の事業といえます。

[原文]

飄風暴雨為二民害一、涸旱、為二民患一、年穀不レ熟、歳饑、糶貸貴、民疾疫。當二此時一也、民貧且罷。牧レ民者、發二倉廩山林藪澤一、以共二其財一、後レ之以レ事、先レ之以レ恕、以振二其罷一。此謂二先レ之以一レ徳。其收レ之也、不レ奪二民財一。其施レ之也、不レ失レ有レ徳。富レ上、而足レ下。此聖王之至事也。

（『管子《かんし》』小問《しょうもん》第五十一）[*1]

ここでは民衆の耐えがたい苦しみとして、水害、旱害《かんがい》、凶作、飢《き》饉《きん》、重い負債とともに、疫病が挙げられている。これらを原因に貧窮し疲弊した人びとを、国家が養う方法として、管仲は穀物倉の穀物を放出すること、山林、湖沼を民衆に開放することを提案した。すでに古代中国において、国家が災害や疫病発生時に民衆を救済するという認識は息づいていることがわかる。

加えて興味深いのは、穀物の徴税が国家財政の確保であると同時に、こうした災害への未然の対策として記述されている点である。右の文より前には、次のような記述がある。

（筆者註―災害によって人びとの生活が脅かされず、食料も豊かで疫病も起こらない状態であれば）このとき、人びとの生活は富裕となり贅沢《ぜいたく》となります。そこで人民を養い治める者は、十分に良質の穀物を収納させて、穀物倉を満たし、また山林や湖沼での伐採や漁猟を禁止します。

［原文］

當二此時一也、民富且驕。牧レ民者、厚收二善歲一、以充二倉廩一、禁二藪澤一。

（『管子』小問第五十一）

このように、豊作時に収蔵、備蓄した穀物は、いざ疫病も含めた災害が発生した際に、民衆救済のために消費するものとして、とらえられていた。要するに、租税の徴収もまた、国家の利益追求ではなく、民衆救済の意識をもってなされていた、と読み取れるのである。

そして考えてみると、現在においても、国民から集められた税金は、災害や疫病対策、貧窮者への救済に大規模に支出されている。その支出のあり方についてはいろいろと議論はあるものの、そうしたものに税金を使うこと自体については、当然のこととして受け止められている。古代中国と現在の日本、かけ離れた次元の話にみえるが、両者には、われわれ人間社会に通底するものが表出されているのではないだろうか。

本論ではまず、中国の初期国家において、疫病や災害、飢饉への対応が、いかに行われてきたのか、その成り立ちに注目して、分析したいと思う。その成立過程をみることで、国家の本質、政治の根本的な意義について、迫ることができると考えるからである。

災害、飢饉と疫病のメカニズム

「疫」の表現方法

先述の『管子《かんし》』小問篇の記事では、水害、旱害《かんがい》、不作、飢饉《ききん》などと並んで、疫病が論じられていた。ほかにも、「飢疫」「旱疫」といった表現は史料に散見しており、「水旱癘疫之災」（『春秋左氏伝《しゅんじゅうさしでん》』昭公元年）や「水旱疾疫之災」（『漢書』文帝紀など）との記述もある。疫病が単独で出てくることもあるが、旱水害や飢饉と関わって出てくる事例が非常に多い。

だが、水害や旱害、そこから発生する不作による飢饉の問題と、疫病はなぜ同じ文脈で語られるのだろうか。疫病と飢饉が発生する空間は、基本的に同じであるということか。あるいは、旱水害や飢饉のあとに疫病が記述されることからして、飢饉が疫病を誘発するような影響関係にあったのだろうか。

ここで、飢饉と疫病の発生メカニズムと両者の関係について整理しておきたい。

厭われる農業

まず飢饉について考察してみる。今一度『管子』をみると、飢饉への対応策として第一に現れたのは、国家が備蓄していた穀物を人びとに放出することであった。このように飢饉の際に穀物を人びとに与えることは、古代中国の史料を確認するかぎり、国家による救済措置の常套《じょうとう》手段となっており、飢饉と穀物は切り離しがたい関係にあることが推察される。そこで、飢饉の発生原理を理解する手がかりとして、穀物の人間社会に果たす役割から考えてみたい。

約一万年前に開始されたとされる穀物農耕は、近年の研究において、狩猟採集生活よりも格段に辛く過酷な生業であったことが明らかにされている。[*2] それまで二五〇万年にわたってなされてきた狩猟採集生活の場合、人びとは比較的短い労働時間で、健康によく多様な食べ物を得ることができ、かつ犬以外ほとんど家畜を飼いならさずに移動して生活していたため、感染症の被害も少なかった。[*3] これに対して、穀物農耕に従事した人びとは、石や草を取り除き穀物を順調に栽培するため朝から晩まで働き、病気や栄養不良に悩まされることとなった。

したがって、人は狩猟採集や漁撈《ぎょろう》で十分豊かな生活を送ることができ、重労働の農作業などに手を出したくなかったはずである。実際、中国では人びとが農業を嫌がったことを示す、さまざまな史料が残されている。『史記』太史《たいし》公《こう》自序伝には「争二於機利一《きりにあらそひ》、去レ本趨レ末《もとをさりすえにはしる》」とあり、農業を去り商業に偏

る民衆の性質が記されている。また『商君書《しょうくんしょ》』農戦第三には、

民が用いづらいのは、彼らが言論に遊ぶ君子に仕えて身を高めようとし、商売で裕福になろうとし、技術や芸能によって食料を得ることができることを知っているからである。民は、この三つの便利を知れば、必ず農業をさけるようになる。

〔原文〕
見㆘言談游士事㆑君之可㆓以尊㆒㆑身也、商賈之可㆓以富㆒㆑家也、技藝可㆖之足㆓以餬㆒㆑口也。民㆓見此三者之便且利㆒也、則必避㆑農。

（『商君書』農戦第三）

とある。『呂氏春秋《りょししゅんじゅう》』上農篇や『塩鉄論《えんてつろん》』本議などにも、民衆の避農を問題視する議論がみられる。

しかしながらそれでも、農業を基盤とする社会が出現するに至った。それはなぜか。

人間の本質、分業

その原因は、人がおのずから分業を形成する性質をもっていたことにある。たとえば、装飾品やアートの製作は、生活の足しにはならない、ある意味で無駄な行為に没頭する、職人気質の人びとがい

たことを示している。また、旧石器時代の石器などモノの動きをみると、みずからの居住空間からは隔絶した遠隔地とのあいだで、やり取りされている事例が多数見つかっている。これらからは、利益を求めて自分に必要のない原料を採取、加工した者、それを流通させた人間の存在を見いだすことができる。

あるいは、トルコのアナトリア南東部にある約一万~八〇〇〇年前にかけて営まれたギョベックリ・テペ遺跡では、直径一〇メートルほどの円形建物が多数確認されている。なかには高さ五・五メートル、重さ一五トンに達するT字形石柱も立てられていたという。*4

こうした事例は、職工や商人のような専業を担う人びとが成立していたことを表している。彼らは当然、他者から食料を得なければ生活できない。そこで分業社会への飛躍をかなえる前提として、現生人類は約一〇万年前頃から貨幣として利用するために装飾品を生み出し（装飾貨幣）、不特定多数の人間のあいだで食料をやり取りできる環境をつくり上げていった。*5

そして、この人間の分業を維持するうえで、最適の食料であったのが穀物である。穀物は乾燥させればすぐに腐るものではなく、年単位での長期貯蔵に向いている。計画的に備蓄することで、大量に保有することも可能である。さらに、脱穀して土器に入れる方法や、稲束のかたちにまとめれば、*6長距離移動にも適しており、さまざまな交易の場に食料を持ち出せる。

都市の成立と飢饉のメカニズム

ゆえに人は穀物を生産することを通して、大量の食料を備蓄、移動することを実現し、他者に食料を依存する分業者たちにも、生きる糧となる食料を安定的に行き渡らせられるようになった。結果としてそれは、定住可能な分業社会、すなわち農村と都市が生まれることを促したのである。

近年、古代インダス文明の研究では、当地に都市は展開するものの、中央集権的権力をもった国家は成立しなかったと考えられている。[*7] これは十分にありうる議論で、インダス地域のように、大規模灌漑ではなく天水《てんすい》農耕で、比較的簡単に穀物生産を得られれば、それを基に分業社会が築かれ、都市は成立しうる。

要するに、都市と国家の成立は同時発生する必要はなく、穀物に食料を依存することで即時的に成り立ちうる都市のほうが、より早い段階から展開した可能性がある。

しかしながら、食料を自給しないで定住することは、災害が生じた場合、不作で穀物の供給が断たれると飢饉につながり、大量死を生んでしまう。穀物に依存した分業社会の形成は、飢饉による大量死の危険と常に隣り合わせであった。

国家の成立意義

そこで、大量死がいつ発生するともしれない分業社会を安定的に維持するため、生来人が嫌がる農業を管理し、穀物を補塡する装置として生み出されたのが、中央集権的権力をもった、国家である。国家は、国家に隷属する人びとに強制的に穀物生産を担わせることによって、必要最低限の食料を確保することを実現したとみられる。

実際、国家が農業を、隷属する人びとに強制的に行わせていたことは、古代ギリシャやローマの農奴をイメージすると理解しやすい。中国の場合、殷《いん》（商《しょう》）や周において、奴隷制を軸に農業生産がなされていたか否か議論が分かれているが、*8 じつは日本では、弥生時代に農業に従事する奴隷がいた可能性がある。農耕とともに展開した環濠集落のひとつ、吉野ヶ里遺跡では、濠を土塁の内側に（外土塁環濠集落）設置していたことが指摘されている。これは、中にいる人間が逃亡しないようにめぐらされたもので、居住者は強制的にその場に集められ、奴隷として農作業に従事したと考えられる。*9 要するに、農作業にあたる人を、強制的かつ集約的に管理するための権力装置が国家であり、それはすでにある分業社会を継続して成り立たせるうえで、人びとに必要とされたのである。

次節で詳しく述べるが、中国の文献史料では、災害、飢饉を契機に、国家が農業の生産管理を実施しはじめたと記録され、農民の逃亡を防ぐ農民保護政策と、穀物を確保するための租税制度は、国家の政治の要として認識されていたことがわかる。それに対して商人や工人は、保護がなくとも自然に成立するもので、彼らへの徴税も農民に比べて遅れ、しかも罰則からはじまったと伝えられる。*10

両者の違いは、人が商工業といった分業を自然と好み、農業を嫌がる性質をもつことによる。農業は、人びとに厭《いと》われるがゆえに、国家の強制や保護が必要であり、かつ穀物を安定供給し続けるために、農民には課税がなされてきたととらえることができる。

疫病発生のメカニズム

次に、疫病もまた、穀物に依存した分業社会において多発し、かつ被害が甚大化したと考えられる。まず、穀物を生産する農村では家畜が飼育されるようになり、家畜を介して感染症が繰り返し発生するようになった。一方、穀物を消費する都市においても、常に不特定多数の人の往来があるため、いつでも感染症が流入する恐れがあり、さらに多数の人が定住することによって、衛生環境が悪化し、疫病が発生する危険もあった。メソポタミアやインダスの都市遺跡においてすでに下水設備が備わっていたのは、そうしなければ疫病発生のリスクが高まるからであり、都市はその誕生以来、絶えず疫病流行と戦ってきたことを物語っている。

また、飢饉によって疫病が誘発されることもあったとみられる。たとえば秦《しん》の始皇帝四年（前二四三）に発生したとされる疫病（「天下疫」〈『史記』始皇帝本紀〉）の前年には、長引く兵乱と大飢饉が発生していた。ほかにも「今東方連年飢饉、加レ之以二疾疫一《これにくわうるにしつえきをもつて》、百姓菜食《ひやくせいさいしよくし》、或至二相食一《あるいはあいはむにいたる》」（『漢書』眭《すい》両夏侯京翼李伝《りようかこうけいよくりでん》）や「歳比不登《としごろみのらず》、倉廩空虚、百姓飢饉、流二離道路一《どうろにりゆうりし》、疾疫死者以二万数一《しつえきのししやまんすうをもつて》、人至二相食一《ひとあいはむにいたる》」（『漢書』薛宣朱博伝《せつせんしゆはくでん》）といった記載もある。

こうした現象は、飢饉が起こると、人びとが食料や職を求めて都市に集まってくることが関係したと考えられる。多くの飢餓者が都市に到来すれば、衛生環境が悪化し、疫病が発生する危険性は高まる。飢饉は貧窮者を中心に蔓延《まんえん》するが、疫病は貧富や身分に関係なく広がる点で深刻であった。疫病を抑制するためにも、飢饉を発生させないシステムが求められ、国家による農業生産の安定的な維持がその根本的な基盤となったと考えられる。

ちなみに、中国で農業を民衆に初めて教えたと伝えられる神に、神話時代の帝王である三皇のひとり、神農氏《しんのうし》がいるが、彼が同時に、人びとに初めて薬をもたらした医療神であったこと[*11]は示唆的である。飢饉と疫病は分業社会が同時に抱えるリスクであり、その解決方法は農業と医薬で、しかも両者は統治者によって人びとにもたらされる、という認識が人びとのなかにあったことが知れる。

勧農政策のはじまり

災害飢饉を契機とした農業政策

自然災害は、いつ何時《なんどき》発生するかわからない。その災害に起因して、飢饉《ききん》や疫病が発生すれば、分業社会は壊滅的被害を受ける可能性があった。そこで、災害への対策として統治者に第一に重視されたのが、先にも述べた農業生産である。

伝説的な天帝、五帝の最初のひとり、堯《ぎょう》の治世には、未曾有の大洪水が起こったと『史記』五帝本紀に記録されている。この際、堯は鯀《こん》に治水事業を委任するが成果が出ず、改めて舜《しゅん》に天下統治を譲り、舜は鯀の子である禹《う》（夏《か》王朝の祖）を治水の官に登用した。

そこで禹は、九州の開拓、全土の道路開通、沼澤《しょうたく》の堤防築造、山の高低調査といった治水を行い、水害の鎮静化に成功した。その後舜は、益《えき》と后稷《こうしょく》（周《しゅう》王朝の祖）に勧農政策を担わせ、初めて貢物（土地の特産の財貨）と賦《ふ》（租税）の徴収を定めたとされる。

つまり司馬遷の説明によると、水害による飢饉が発生した結果、治水事業とともに勧農政策、賦の徴収が開始されたということになる。ここに現れる租税の「賦」は農民に課されるものであり、以後夏王朝以下、歴代王朝によって課されるところとなった。[*12] また、『漢書』食貨志《しょっかし》のなかで後漢の学者班《はん》固《こ》は、この堯、舜、禹の功績について、次のように評価している。

堯は羲《ぎ》・和《か》の四子（筆者註―羲仲《ぎちゅう》・羲叔《ぎしゅく》・和仲・和叔）に「敬《つつ》しんで民に〔農耕の〕時《こよみ》を授《かぞ》えわたせ」と命じ、舜は后稷《こうしょく》に、「黎民《たみ》はじめて飢う、〔汝、稷官《しょくかん》として百穀を播《ま》け〕」と命じたのは、これを政治の首《かなめ》としたものである。禹は洪水を平《おさ》め、九州を定《ととの》え、田畑を制《さだ》め、それぞれ生産する土地の遠近によって租税を取り貢棐《みつぎ》を納めさせ、つとめて有無を移し通じるようすすめて万国が治まった。

［原文］

堯命二四子一以三敬授二民時一、舜命二后稷一以二黎民祖飢一、是為二政首一。禹平二洪水一、定二九州一、制二土田一、各因二所レ生遠近一、賦入貢棐、楙遷二有無一、萬國作乂。（『漢書』食貨志・序文[*13]）

すなわち農業官を設置する勧農政策は、飢饉に対応するために行われた政治の要であり、かつ水害に対して行われた治水事業、田制、租税、貢納制度などについても、万国を治める方法として位置づけられている。これらのことから、中国における聖王の勧農政策や租税制度は、災害、飢饉の発生後に、その対応策としてまず現れたと理解できる。

ただし、初期の農業政策は、災害発生時には重視されたものの、恒常的な制度であったとは考えにくい。このことは、殷《いん》（商《しょう》）の農業政策から推察される。殷の場合、『孟子』滕文公章句上《とうぶんこうしょうく》に租の十分の一税に関する記載があることから、農民に対して租税収取は行われていた可能性はある。また考古学的にも、粟を中心とした農耕が行われていたことが確認されている。[*14]

一方で、その伝説に目を移してみると、殷の創始者である契《せつ》は、舜に司徒（民衆に五教を教化する）を命じられた人物で、直接農業経営に携わったとは記録されていない。『史記』周本紀をみると、殷の時代には后稷の官は設けられていなかったようで、また殷の滅亡後、その遺民は「商人」として商業活動に携わり、土地に定着した農民とならなかったとも伝えられている。こうしたことからして、災害による飢饉や疫病の発生時に、農業政策を施行した可能性は高いものの、国家の恒常的な制度として定められていたとは考えにくい。

それに対し、明らかに勧農政策を政治の要に据えているのが、周王朝である。

災害の未然対策としての農業

『史記』周本紀によると、周王朝の祖である棄《き》（后稷）は、その生まれもった資質として農業を好み、農業知識に富んだ人物であったとされる。その資質が買われ、農師、后稷として農業技術を民衆に普及した。その子である不窋《ふちゅつ》の末年には、夏王朝の政が衰え、稷の官を廃して農事を務めなくなるが、不窋は職を失っても農業を棄《す》てず、異民族の中で農業に従事し、農民集団であり続けたという。それにより、民衆には穀物の資本と貯蓄ができ、多くの者が帰順し、民意を得ていた。その後も一族の歴史は、一貫して農本主義に貫かれており、武《ぶ》に至って殷の紂王《ちゅうおう》を討伐し、周が天下を平定する。

そして周王朝は、農業を国家統治の中枢に据えた点で、それまでと大きく異なっていた。宣王《せんおう》（在位、前八二七～前七八二）は、周王朝の政治の要として、それまで歴代の王たちが直接行ってきた農業生産の監督（籍田）を行わない選択をしたために、虢《かく》の文公から次のような諫言《かんげん》を受けたとされる。

いけません、民の大事は農業です。天帝へのお供えの五穀もこれから産出されますし、民の繁殖もこれから生じます。万事供給されるのもこれに由《よ》りますし、みんな仲良く親睦するのもこれによって興り、貨財穀物の増産もこれからはじまり、質実剛健な気風もこれから完成されます。したがって、農業を司る稷は大官なのです。

［原文］

不可。夫民之大事在レ農、上帝之粢盛、於レ是乎出、民之蕃庶、於レ是乎生、事之供給、於レ是乎在、和協輯睦、於レ是乎興、財用蕃殖、於レ是乎始、敦庬純固、於レ是乎成。是故稷為二大官一。

（『国語』周語上）

この諫言をみると、周王朝では農業を、天帝への供物だけでなく、民衆の人口増加や食料の供給源のための「大事」として認識していたことが読み取れる。おそらく周より前には、災害の事後的対応として勧農政策がなされていたと推察されるが、周王朝は非常時だけでなく、平時にあっても農業を統治の基盤においた点で画期的であった。

これによって、災害による飢饉や疫病の未然の防止策として、穀物の貯蔵が計画的に実現され、飢饉や疫病に耐えうる分業社会を安定的に維持、拡大させたとみられる。『管子《かんし》』小問篇における飢饉を救済する備蓄対応としての徴税制度は、まさに周王朝において確立されたものであったと考えられる。

疫病監視システム

また、農業を基盤とした民衆統治は、疫病の流行を抑制する、監視の機能も同時にもっていた可能性がある。

『管子』度地《どち》篇には、次のような記述がある。

冬の季節に土木工事を行い、地中に閉ざされた気を発散させれば、夏になって暴雨が多く、秋の長雨がやみません。春の季節に死者の枯れ朽ちた骨や腐った肉のついた骨を埋蔵せず、枯れた樹木を伐採して取り除かなければ、夏の旱《ひでり》が到来します。夏に大霧が立ち込め、疫病の気が大気に満ちすべての草にとりつき、人がその草を食べれば身体を害《そこな》います。人びとに病気が多く発生して止まらなくなると、人民は恐れおののいて落ち着かなくなります。この場合、君主は水官の役人に命じて、村落の長老・里の役人・五人組の長とともに村里に行かせて巡回させ、それぞれの民家に火をたかせて食べ物に熱を通させるようにします。またそれぞれの田中や家の中にあっては井戸の口をふたで覆い、毒気が入ることを防ぎ、食器に毒が及ばないようにさせます。もし食器に毒がついていれば、水を飲もうとして身体を害うことになります。

〔原文〕

冬作二土功一、發二地藏一、則夏多二暴雨一、秋霖不レ止。春不レ收二枯骨朽脊（胔）一、〔不〕下伐二枯木一而去上レ之、則夏旱至矣。夏有二大露（霧）一、原（癘）煙噎下二百草一、人采二食之一、傷レ人。人多二疾病一而不レ止、民乃恐殆。君令下五（水）官之吏與二三老・里有司・伍長一、行レ里順上レ之、令二之（其）家起レ火為一レ溫。其田及宮中、皆蓋レ井、毋レ令二毒下及二食器三。將レ飲傷レ人。有下レ蟲傷二禾稼一。

（『管子』度地第五十七）

ここでは、君主によって任命された行政官である水官、三老、里の司、伍長が、疫病の流行する村の民家を巡回して、疫病を防ぐための手立てを指導することが示されている。食料を加熱すること、井戸水を塞いで感染予防とするなど、実用的な手立てが書かれていて興味深い。これは春秋時代の斉《せい》の説話として論じられたものであるが、井田《せいでん》制を布いたとされる周において、すでに監視システムができ上がっていたとしてもおかしくない。

『漢書』食貨志《しょっかし》でも、「理レ民之道」は土地に定着させることが根本であるとして、周で制度化されたという、八家が共同で耕作する井田制について説明がなされたあと、

出入りに相従い、見張りに助け合い、疾病に救い合い、かくて民は安らぎ睦《むつ》び、教化が等しく、力《りき》役《やく》生産も平等化することができるのである。

［原文］

出入相友、守望相助、疾病則救、民是以和睦、而教化斉同、力役生産可レ得而平也。

（『漢書』食貨志上）

と記されている。要するに、八家が互いに病気の罹患《りかん》を監視し合い、疾病が生じた際も互いに救護し合うことで、人びとの自由な移動や逃散を規制し、疫病の感染拡大を防止する構造をとっていたと考えられる。したがってこの史料からも、周王朝が確立した農地と農民の管理体制のなかに、疾病対策も盛り込まれていた可能性が指摘できる。

災害と貨幣政策

『国語』の大銭鋳造記事

前章では災害や飢《き》饉《きん》、疫病に備えるための措置として、周《しゅう》王朝において勧農政策が重視され、制度化されたことを指摘したが、災害への対応策としてなされていたのは、それだけではなかった。次にみる『国語』周語の記事は、国家による貨幣政策を論じた、中国史上もっとも古い史料のひとつである。

> 景王の二十一年（紀元前五二五）に大型貨幣を鋳造しようとしたとき、単《ぜん》の穆公《ぼくこう》が言った。「いけません。昔は天災が降ると、物資と貨幣の多少をはかり、その軽重を比較検討して、人民を救いました。民が貨幣の価値の軽いのに苦しめば、重いのをつくって流通させます、そこで、母の重い貨幣が、子の軽い貨幣と均衡を保って流通し、人民はみなそのお蔭《かげ》をこうむります。もし、高額の重い貨幣に堪えなければ、軽い貨幣を多くつくって流通させますが、重い貨幣も廃止しません。そこで、子が母と均衡を保って流通し、民は大小の貨幣を利用します。今、王様が軽い低額

貨幣を廃止して重い高額貨幣だけをつくれば、民はその資産の損失を受け、貧乏で苦しまないでしょうか。

〔原文〕

景王二十一年、將レ鑄二大錢一。單穆公曰、不可。古者天災降戾、於レ是乎量二資幣一、權二輕重一、以振二救民一。民患レ輕、則為レ之作二重幣一以行レ之、於レ是乎有二母權レ子而行一、民皆得焉。若不レ堪レ重、則多作レ輕而行レ之、亦不レ廢レ重、於レ是乎有二子權レ母而行一、小大利レ之。今王廢レ輕而作レ重、民失二其資一、能無レ匱乎。

（『国語』周語下）

この景王の大銭鋳造で単穆公が問題視しているのは、以下の二点である。

一つは、本来は災害発生後の対応策として、国家の貨幣は鋳造されるものであるにもかかわらず、災害と無関係に鋳造しようとしていること。

二点目は、重い高額貨幣と軽い低額貨幣の双方を流通させるのは、災害によるインフレの際には高額貨幣を、デフレの際には低額貨幣を多くすることで、民衆を救済する目的のためであるのに、そうした目的を無視して低額貨幣を廃止し、高額貨幣のみをつくることで、民衆の資産が失われてしまうこと、であった。

災害後の貨幣利用

これ以外にも、国家によって創出された貨幣が災害と関連する史料はみられる。『管子』山権数《さんけんすう》篇には、災害で天、人、地の権すべてを失い、国家が何を行ってもうまくいかない無力状態に陥った場合の最終手段として、次のような聖王《せいおう》の伝説が記されている。

> 湯王の当時、七年間にわたる旱魃《かんばつ》があり、禹《う》王のときには五年にわたる洪水がありました。人民のなかには食料の粥《かゆ》すらなく、わが子を売る者が現れました。そこで、湯王は荘山《そうざん》から採掘した金で貨幣を鋳造し、粥も食べられずに子を売った者の子を買い戻し、禹王は歴山《れきざん》から採掘した金で貨幣を鋳造し、売られた子を買い戻しました。
>
> ［原文］
> 湯七年旱、禹五年水、民之（有）二無レ饘賣レ子一者。湯以二荘山之金一鑄レ幣、而贖二民之無レ饘賣レ子者一。禹以二歴山之金一鑄レ幣、而贖二民之無レ饘賣レ子者一。
>
> （『管子』山権数第七五）

すなわち旱害、水害による大飢饉が発生した際、殷《いん》の湯王や夏《か》の禹王は高額な金の「幣」を鋳造することによって、売られた子を買い戻すに至ったという。悲惨な飢饉により国家財政も逼迫《ひっぱく》するなかで、秩序が崩壊し離散して奴隷となってしまった民衆を救済するための最終手段が、王みずからが鋳造した貨幣をもって、負債を帳消しにすることであったと理解できる。

また飢饉発生時、自国の高額な貨幣を使って、他国に穀物の輸入を依頼することもあった。

魯《ろ》に飢饉があり、臧文仲《ぞうぶんちゅう》が荘公《そうこう》に言うに、「そもそも四方隣国が援助をし、諸侯の信を結び、婚姻を重んじ、盟誓《めいせい》を重ねるのは、もとより国家の危急のためです。『名器』を鋳て『宝財』を保蔵するのは、民衆がことごとく病に罹《かか》るのに備えるためです。今国は飢饉という病であるのに、君はどうして『名器』を贈って斉《せい》に穀物の買い入れを請わないのですか」と。……文中は、鬯圭《ちょうけい》と玉《ぎょ》磬《つけい》を持って斉に行き、穀物を売ってくれるように告げた。文中いわく「天災が流行して我が土地にやってきて、しきりに飢饉にあい、民衆は病んで今にも尽きてしまいそうです。非常に恐れているのは、周公と太公の祭祀にも事欠き、諸侯としての職貢事業にも与《くみ》することができず、罪を得てしまうことです。粗末な先君の『幣器《へいき》』をもって、あえて貴国の久しく貯蔵した穀物をお願いして、穀物をもてあましている係りのお役人の心配を解消させ、わが国の窮状を救い、職責を全うさせてください」

[原文]

魯饑、臧文仲言二於荘公一、曰、夫為二四鄰之援一、結二諸侯之信一、重レ之以二婚姻一、申レ之以二盟誓一、固國之艱急是為。鑄二名器一、藏二寶財一、固民之殄病是待。今國病矣、君盍下以二名器一請中糴于齊上。……文仲以三鬯圭與二玉磬一、如レ齊告レ糴、曰、天災流行、戻二于弊邑一、饑饉荐降、民羸幾レ卒。大懼乏二周公太公之命祀一、職貢業事之不レ共而獲レ戻。不腆先君之幣器、敢告二滞積一、以紓二執事一、以救二弊邑一、使二能共一レ職。

（『国語』魯語上）

ここに出てくる「幣器」は、名器、宝財、鬯圭、玉磬、玉などとも表現されており、高価で由緒のある装飾品であることがわかる。加えて次節で詳しく述べるが、「幣」の字があてられていることから、これは国家の創出した貨幣と見なされたと考えられる。そして国家が「名器」「宝財」である高額貨幣を鋳造するのは、飢饉のような民衆の危機に対応するためであると述べ、その役割を果たすために、他国へ穀物の買い入れを依頼する際の交換手段として利用している。

以上の事例から、先秦《せんしん》以前の国家では、災害や飢饉の発生を契機として貨幣鋳造がなされていた、ととらえることができる。それは施行のタイミングから推察するに、従来の災害対応策である勧農政策だけでは穀物供給がまったく間に合わない状況下において、困窮する民衆を救済するための次なる手段として、行われたものであったとみられる。

だが、なぜ国家が貨幣を発行することが、災害への対応策となるのだろうか。

「幣」について

そもそも「貨幣」の初出は、『後漢書』光武帝紀の「初、王莽亂後、貨幣雑用㆓布、帛、金、粟㆒。是歳、始行㆓五銖銭㆒」であり、それ以前は「幣」や「銭」が、国家公認の貨幣を指す語として現れている。このうち「銭」の字は前漢以降の史料にとくに増加し、先秦以前を著した書物の場合、おもに戦国時代から前漢にかけて、後世の学者たちによって付加された可能性が高いとされる文章に、用例が確認できる。このことから、「銭」の貨幣としての用例は、戦国時代以降が中心であると推測される。

他方で「幣」の場合は、『書経』『春秋左氏伝《しゅんじゅうさしでん》』『孟子』など、先秦以前の多くの史料にみられる。『漢書』食貨志《しょっかし》下では、太公望が周のために九府（財幣を掌《つかさど》る九つの官）の円法（貨幣制度）を立てたと記録され、『周礼』にも「幣」の管理が語られている。したがって、周王朝の段階には「幣」が存在していた可能性がある。

『説文解字《せつもんかいじ》』には「幣帛《へいはく》也」とあり、「幣」はもともと絹布を指す語とされていた。この「幣」が絹布であるとみた際、その注目すべき特徴は、養蚕によって人工的に製造、増産ができる点である。

貨幣については、すでに旧石器時代には貝や玉といった装飾貨幣が流通しており、[*15] 殷代にはたくさんの宝貝が王侯貴族のあいだでもやりとりされていたと考えられている。[*16] しかし、こうした自然物の貨幣利用は、不特定多数の人間を経由して実現するものである。実際、宝貝は遠い南海から交易を通して運ばれてきたものとみられ、その供給量を国家が自在に制御することは困難であった。

これに対して絹布は、農民が耕作とともに養蚕に携わり、繭糸を布として織り上げることで生産されるものであり、農民を使役することで、国家の意図に応じて供給量を調整することができた。要するに、それまでの装飾貨幣と違い、絹布は、国家みずからがつくり出し、直接供給することのできる貨幣であったととらえることができる。

実際の幣は絹布に限るものではなく、金や珠玉、皮革、馬や車、青銅貨幣など、多用な形態があった。それらがいずれも「幣」と見なされたということは、絹布と同様に国家が意図して生み出した貨幣であることを認められていたからと思われる。

そしてこれらの貨幣は、容易に入手できない装飾貨幣に代わるものとして、非常時に急遽《きゆうきよ》発生した貨幣需要に応える動機で、国家によって人為的に鋳造や発行がなされたと推測される。貨幣を使って必要なものを交換する行為は、災害による飢饉や疫病で貧窮し、従来の分業社会の秩序から逸脱してしまった民衆を救う手段として、即効性をもっていたからである。

高額な幣と低額な幣の関係

しかしながら国家の発行する貨幣は、すでに通用している装飾貨幣と異なり、人びとから価値の信用を得ることは難しい。装飾貨幣は不特定多数の人間を経由することで強固な信用を獲得しているが、国家の創る貨幣にはそのプロセスが存在しないからである。国家は高額貨幣の価値を維持するために、どういった措置を取っていたのか。

　周王朝以降、春秋戦国時代を語る史料のなかで「幣」は、天子や諸侯、外国の使節や官吏のあいだでやりとりされる事例が非常に多い。たとえば『国語』周語下では、魯の使節から周の王へ「享覲之幣」が贈られ、『春秋左氏伝』には「諸侯之幣」（襄公二十四年）とある。こうしたことからするに、国家は幣を、王侯貴族や官吏に贈与交換の場で積極的に活用させることで、幣の高い貨幣価値を保ったと考えられる。

　それと同時に、幣には、高額な幣（重幣）以外に低額なものも存在し、高額貨幣は低額貨幣と併存する形で利用されていたとみられる。先に挙げた『国語』周語下の大銭鋳造記事でも、高額な幣と低額な幣の供給量を国家が増減させることによって、災害時に発生したインフレやデフレの問題を解決し、貨幣と物資の流通を制御する試み（母子相権）が語られていた。『管子』でも、「以珠玉為㆓上幣㆒、以黄金為㆓中幣㆒、以刀布為㆓下幣㆒、三幣」（国蓄第七十三）とあって、三等級の貨幣形態が記録されている。

　また実際の遺物をみても、春秋時代以降、多種多様な青銅貨幣が現れ、宝貝や楽器、刀など、実際に流通した貴重なものに模して製作され、さらに青銅貨幣のなかにも大小、重量の差があるものが併存して流通していた。[*17]『国語』周語下の「母子相権」の喩《たと》えが、母が子を産む現象にちなんでいるのだとすると、国家の創出する貨幣の価値を高く保つために、装飾貨幣（母）からそれを模した青銅貨幣（子）が生まれたと、とらえることができる。かつ、高額な青銅貨幣（重幣・母）よりも価値の低い低額な青銅貨幣（子）についても、高額貨幣に依存し、高額貨幣との価格レートをもつことによって成り立たせる構造にあったことが推測される。

以上のことから、少なくとも春秋時代以降には、国家がみずから発行する高額貨幣の高い価値を保つことを通じて、装飾貨幣、高額貨幣、低額貨幣の流通を管理していたと考えられる。ただし、高額貨幣とともに低額貨幣も存在する以上、「幣」は、王侯貴族や官吏のあいだだけを意識して通用させたものではなく、民間での貨幣流通も視野に入れて通用させたものとみられることに留意しておきたい。

災害対応策としての銭貨の成立

穀物と貨幣のレート

第三節「災害と貨幣政策」で述べたように、災害時の貨幣による民衆救済は、当初、高額貨幣を中心に発行することでなされていたとみられるが、この方法には限界があった。高額貨幣は、高額であるがゆえに国外から穀物を輸入する場合や債務奴隷を購入するうえでは有効だが、国内で生産され、民間に貯蔵される穀物と交換するには額が大きすぎ、災害飢饉に際して、国家の管理とは別に民衆が蓄蔵した穀物を利用することが難しいからである。

これに対して戦国時代ごろから、新たな貨幣政策が現れてくる。『史記』貨殖列伝《かしょくれつでん》には、紀元前五世紀の越《えつ》の経済対策として、次のような説が載せられている。

六年ごとに豊穣になり、六年ごとに旱《ひでり》になり、十二年にいちど大飢饉《ききん》になります。そもそも穀物を売るのに、二十では農業がうまくいかず、九十では商工業が立ち行かなくなります。ですが、商工業が立ち行かなければ財物が流通せず、農業ができなければ、雑草が生えたままで穀物がとれなくなってしまいます。そこで、上が八十を過ぎず、下が三十より減らないようにすれば、農業、商業ともに利益を得ることができます。穀物の売値を上下に偏りすぎないように物価を調整し、関や市に不足がないようにすることは、国を治める道理といえます。価格のつり合いの道理を集め、物を全うさせることに務め、貨幣を休ませてはなりません。

〔原文〕

六歳穰、六歳旱、十二歳一大饑。夫糶、二十病レ農、九十病レ末。末病則財不レ出、農病則草不レ辟矣。上不レ過二八十一、下不レ減二三十一、則農末倶利、平レ糶齊レ物、關市不レ乏、治國之道也。積著之理、務完レ物、無レ息レ幣。

（『史記』貨殖列伝）

ここでまずは、豊作、旱害《かんがい》、大飢饉が社会に周期的に発生することを指摘して、それを見越した政策の実行が促されている。その政策内容は、国内で生産された穀物に、国家の発行する貨幣をレートとして組み合わせることで、豊凶の差によって発生する穀物価格の乱高下を、国家が意図的に操作するという方法であった。結果として、国内の農民と商工業者双方の生活の保護が可能で、災害や飢饉が発生したとしても、分業社会を存続させることができると想定されている。

また『漢書』食貨志《しょつかし》上でも、紀元前五世紀から四世紀に活躍した魏《ぎ》の李悝《りかい》の経済対策が取り上げられ、同じく穀物と貨幣のレートが意識して論じられている。

穀物価格が高すぎると市民を損ない、安すぎると農民を損なう。市民のくらしが損なわれると一家は離散し、農民のくらしが損なわれると、国は貧しくなる。だから高すぎても安すぎても、その弊害は同じである。優れた為政者は市民のくらしを損なうことなく、しかも農民には耕作に精を出すようにさせるものだ。……（筆者註―農民の穀物生産による収益と、生活に必要な支出を「銭」によって換算し、通常では赤字になることを指摘し）農民が常に生活に苦しみ、耕作をなまけようとする気持ちを抱いて、穀物価格が高くなりすぎるのは、ここに原因がある。そこで、うまく穀物価格を安定させるものは、必ず慎重に作柄を見る。豊作には上・中・下の三段階がある。……（筆者註―作柄ごとに収穫高と支出を計算し）そこで大熟《たいじゆく》（大豊作）の場合には、おかみでは［四百石から］四分の三を買い上げて四分の一を留め、中熟には三分の二を買い上げ、下熟には、二分の一を買い上げて、そこそこの生活ができるようにし、価格が安定したら、そこで中止する。また小飢には、小熟のときに買い上げた分を、中飢には中熟のときに買い上げた分を、大飢には大熟のときに買い上げた分を放出して売り出す。だから飢饉や水害、旱魃《かんばつ》に襲われても、穀物価格が騰貴することもなく、民は離散しなくてすむ。余分でもって不足を補うのである。

［原文］

又曰糴其貴傷レ民、甚賤傷レ農。民傷則離散、農傷則國貧。故甚貴與甚賤、其傷一也。善為レ國者、使二民毋レ傷而農益勸一。……此農夫所二以常困一、有二不レ勸レ耕之心一、而令三糴至二於甚貴一者也。是故善平レ糴者、必謹観三歳有二上中下孰一。……故大孰則上糴レ三而舍レ一、中孰則糴レ二、下孰則糴レ一、使二民適足一、賈平則止。小飢則發二小孰之所一レ斂、中飢則發二中孰之所一レ斂、大飢則發二大孰之所一レ斂、而糶レ之。故雖レ遇二饑饉水旱一、糴不レ貴而民不レ散、取二有餘一以補二不足一也。

（『漢書』食貨志上）

李悝は越の記事と同じく、穀物価格が高すぎると市民の生活が、低すぎると国家の財政が損なわれる弊害があることを指摘する。また農民の生活を穀物量と銭貨量で換算し、通常赤字になって農民が離農してしまうために、穀物価格が上昇傾向にあるとし、国家が農業を保護する政策の必要性を主張している。その具体的な内容は、豊凶の差による作付けの違いに目をつけて、貨幣を使って穀物の買い入れと売り出しを行うというもので、これによって飢饉災害が発生しても、穀物価格が騰貴せず、農業を保護できるとした。

以上のように、穀物と国家的貨幣の交換レートは、災害や飢饉が必ず起きる社会環境を前提に、国内で生産、蓄蔵された穀物を有効に活用する手段として、設定されるようになったと考えられる。国内の穀物を活用するということは、他国に援助を求めず、自国の力だけで災害飢饉を乗り越えることを意味するもので、他国から自立した国家の成立を促す、戦国時代に即した新たな災害対応策であったといえよう。

また、穀物と国家的貨幣のレートの成立は、具体的には農民の世界に貨幣が導入されるということであった。それゆえに国家の貨幣発行は、高額貨幣を基軸に、重量の異なる複数の貨幣を併用するのではなく、農民の使用を意識して、低額貨幣に重点をおくものへと転換していくこととなる。

農民の貨幣、半両銭

春秋から戦国時代にかけての各国の貨幣制度は、複数の重量が異なる貨幣の併用が主流であったなかで、戦国秦《しん》は半両銭《はんりょうせん》に国家公認の貨幣を一律化した点で画期的であった。これによって半両銭は、名目貨幣として「数＋銭」と記す個数原理を成立させる。[*18]

この「銭」は、農民も使用できる低額な貨幣単位であり、半両銭への一律化は、戦国秦の貨幣制度が農民を基軸にしたものであったことを物語っている。先にも述べたように、それは国内に貯蓄された穀物を利用し、災害や飢饉といった非常時も、自国の農業生産力だけで乗り切ることを可能にする貨幣政策であった。

加えて半両銭の発行は、戦国秦でなされた、いわゆる商鞅《しょうおう》（?〜前三三八）の国政改革の直後に行われており、[*19]両者は改革として一貫したものであった可能性が高い。商鞅は、もと魏の恵王《けいおう》（在位 前三六九〜前三一九）の宰相の食客であったが、戦国秦に移り、孝公《こうこう》（在位 前三六一〜前三三八）に仕えて国政改革に着手した。当然彼は魏にいたころに、李悝の穀物の価格調整策を認知していたはずで、その理解をもって、戦国秦において変法《へんぽう》と呼ばれる国政改革を行ったとされる。[*20]

その政策内容は多岐にわたるが、主だったものとして、井田《せいでん》制を廃止し阡陌《せんぱく》[*21]制を導入したことが挙げられる。この阡陌という耕地を大きく区画する田間の道路によって、耕地への往来、農具・種科・収穫物の運搬が容易になり、農業経営が効率化した。商人に対する厳しい規制も設けられ、農民が商人化することを徹底して阻止しようとした。[*22]

こうした農本主義的改革の流れを踏まえて半両銭の成立をとらえると、半両銭もまた国内の穀物を有効に利用し、かつ農業生産を保護するための政策であったことから、国政改革の内容と矛盾しないことがわかる。農本主義を徹底して追求する動きのなかに、半両銭への一律化も含まれたと把捉できるだろう。

また戦国秦の国家体制を特徴づける「耕戦の士」も、半両銭と関わって展開したものとみられる。そもそも農民の世界には、さほど貨幣は必要ではない。商工業者の場合、生活の糧を得るために貨幣は必須であるが、農民の場合、農作業のなかでみずから食料を獲得し、また穀物などを交換する形で必要物資を得ることも可能であったからである。

だが、こうした農民の生活に銭貨を導入するということは、排他的な共同体的秩序を重視する農民の世界を崩壊させる恐れがあった。貨幣は、既存の共同体的秩序と無関係に取り引きを成り立たせ、新しい人間関係を結ぶ力をもっている。農民が銭貨を生活に用いるようになれば、農業を離れ、商工業といった能力しだいで稼げる職業へ移る人間が多く出てくる可能性があり、農業生産が順調になされなければ飢饉が発生し、分業社会を保つことはできなくなってしまう。

この問題を解決するために組み込まれていたとみられるのが、農民を兵士（耕戦の士）として軍事に参加させる政策である。兵士は、みずからの食料を得るために、軍市《ぐんし》において貨幣を利用する必要があった。農家に蓄蔵された銭貨は、その家の成年男性が兵役に就いた際に積極的に利用させること で、農民のあいだに長く滞留させない仕組みが、戦国秦では構想されていたとみられる。

税としての銭貨

これに加えて、農家に蓄蔵された銭貨を国家に還流させる手段としては、税の銭納も見いだされたと考えられる。

戦国秦に銭納があったかどうか、記録は残されていないので正確なことはわからない。[*23] だが銭貨が大量に流通する前漢期には、全国一律の課税内容として、租（収穫の三〇分の一を納入する田租とその附加税たる芻藁《すうこう》税）と賦《ふ》（人頭税であり、一五～五六歳までの成人男女の場合、毎年一二〇銭を負担する算銭）がみられた。[*24] これによって、農家に蓄蔵された銭貨は、国家に還流させる構造が成立していたといえる。
さらに、税としての銭貨の徴収を巧みに利用した災害対策も、史料のなかにみえる。次の『管子《かんし》』の記事は、管子軽重と呼ばれる篇のひとつで、戦国後期から前漢期の学者の手で記されたと考えられているものである。

桓公が言った、「わが斉《せい》の国の西部は洪水のために人民が飢えているのに、東部地方では豊作で穀物の値段が安い。東部の安い穀物を移して西部の高価な穀物の値段を救いかばおうと思う。ところでこれを実施するよい方法はあろうか」と。管子はそれに答えて言った、「現在、斉国の西部の穀物の値段は、一釜当たり百銭でありますから、鏂《おう》当たりでは二十銭であります。一方、斉国の東部の穀物の値段は、一釜当たり十銭でありますから、鏂当たりでは二銭であります。どうか命令を下して、一人当たり三十銭の税を割り当て、その金額に相当する穀物で代納することを許可なさいますように。

[原文]

桓公曰、斉西水潦而民飢、斉東豊要（康）而糴賤。欲㆘以㆓東之賤㆒被㆗西之貴㆖。為㆑之有㆑道乎。管子對曰、今、斉西之粟、釜百泉、則鏂二十泉也。斉東之粟、釜十泉、則鏂二泉也。請、以㆑令籍㆓人三十泉㆒、得㆘以㆓五穀菽粟㆒決㆗其籍㆖。

（『管子』軽重丁第八三）

すなわち、自国内で水害による飢饉が発生したとき、穀物が高騰する地域と豊作で安い地域があることに着目し、両地域に同じく三〇銭の租税をかけ、それを現地の相当額の穀物で納入させることが提案されている。これによって穀物の過不足が補われ、東西の人民が互いに救いかばい、穀物価格も平均するとした。

通常、他国に穀物の輸入を依頼する場合は、玉《ぎょく》や璧《へき》といった高額貨幣を使用していたが、ここでは自国内で穀物を移動させるため、低額な「泉《せん》」＝銭を利用して、農民たちから徴税を行っている。これは議論であり、こうした政策が実際に行われていたか不明である。だが、一つの考え方として、税を銭で納めるということ、また税としての穀物と銭が、災害の状況に応じて臨機応変に代替できるものであったことがここに現れている。

古代中国の災害、飢饉、疫病への対応策

ここで、第二節から第四節までの議論をまとめておこう。古代中国において初期国家がはじめた農業政策は、分業で成り立つ都市で繰り返し発生する災害、飢饉、疫病といった非常時に対応するものとして、災害を契機に行われたものであった。それは当初、災害の事後的政策としてなされたものであったが、周《しゅう》王朝に至って租税徴収、勧農政策を制度化し、国家によって恒常的に穀物生産が管理さ

れ、災害の未然の対応策としてとらえられるようになる。

ただ国内の農業生産を管理するだけでは実際には不十分で、国家が備蓄した穀物だけでは対応できない悲惨な飢饉もあった。そうした際、さらなる民衆救済のため、国家が高額貨幣を鋳造、発行し、他国から穀物の買い入れを依頼する際の交換手段として利用すること、また債務奴隷となった民衆を高額貨幣によって買い戻す措置が取られていた。

しかしながら、高額貨幣によって非常時の救済を行うということは、他国の穀物や商人の財貨に依存して社会を立て直すことを意味し、国家が自力で貧窮者を救済することは困難であった。そこで紀元前五世紀頃からは、穀物の豊凶の差を意識し、穀物と国家的貨幣の交換レートを設定して、国内で生産され、民間に貯蓄された穀物の収集、放出を行う政策がみられるようになる。

この政策に合わせて農民による貨幣使用が重視され、戦国秦において、半両銭と呼ばれる農民の貨幣が創出される。当国では、農民が耕戦の士として兵事も担うことで、銭貨を農民の手から回収し、他国に依存しない自立した国家構造を成り立たせていた。さらに前漢になると、税の銭納も行われており、農民のあいだに貨幣を流通させ、かつ政府に還流させる形で災害に備える構造が確立された。

以上のように古代中国では、国家による農業政策や貨幣政策は災害、飢饉、疫病といった非常時の救済手段として成立してきたものであった。しかもその政策は、農業政策から貨幣政策へと、従来の不十分な救済措置を補う形で展開し、戦国秦、前漢に至って銭貨発行という形に結実することとなる。

日本の場合

班田収授法の意義

日本の古代国家は、多分に中国の政治思想の影響を受けており、農業政策や貨幣政策の展開も中国と同様に、災害、飢饉《ききん》、疫病と関わって行われていた可能性が高い。そこで最後に、日本の古代国家が行った政治政策と災害、飢饉、疫病の関係について、一部検討してみたいと思う。

まず注目するのが、大化年間（六四五〜六五〇）に班田収授法が施行されるタイミングである。

自然災害や疫病、飢饉に関する記述は、推古朝（五九二〜六二八）以降に増加することから、その時期からの動向を『日本書紀』で確認すると、六二三年一一月は春から秋まで霖雨《ながあめ》で洪水が発生し五穀が実らず、六二六年三月から七月は霖雨のため「天下大飢饉」、六二八年は春から夏にかけて旱魃《かんばつ》で、九月に連年不作と飢饉が続いているため、推古天皇崩御時の薄葬《はくそう》が言い渡されている。さらに六三六年も大旱《たいかん》が発生し、「天下飢饉」とある。したがって、班田収授法が施行の二〇年ちかく前から、数年に一度の間隔で、自然災害を機に大規模な飢饉が起こっており、政府の手で、なんらかの災害対応策をとる必要が高まっていたとみられる。

このように飢饉が起こりやすい環境にあって、皇極天皇が即位した六四二年には、三月と四月に霖雨、六月に大旱が発生し、七月から八月には雨乞い儀礼が多く記録されている。このことは、社会全体に、大飢饉が発生することへの強い警戒感が生じていたことを物語っている。ただ、このとき行われていたのは、民間の雨乞い儀礼や大乗経典、大雲経などの読経、天皇自身による雨乞いといった儀礼的措置であり、飢饉発生に対処する現実的な政策は行われなかった。

そして六四五年、中大兄が政権の中枢にいた蘇我蝦夷を誅殺《ちゆうさつ》し、従来の政治の見直しを図ることになる。その手はじめになされたのが、戸籍の頒布と校田《こうでん》（同年八月）、人口調査と土地の売買禁止（同年九月）であった。これらはまさに国家が直接農業生産を管理するための本格的な制度改革のはじまりであって、飢饉の発生しやすい社会への対応として、穀物を常に供給できる構造を再設計する目的でなされたといえる。

さらに六四六年には改めて改新の詔が出され、戸籍、計帳、班田収授法をつくり、その管理下で農民が稲作と養蚕を行い、租・庸・調の課税が実施されることとなった。同年三月には名代《なしろ》・子代《こしろ》も停止され、国家が一律に農民を管理し、穀物と布帛《ふはく》の生産供給を担う体制が整えられていったものと把捉できる。

銅銭に注目する動き

次に検討するのは、銭貨である。すでに国家的貨幣としては班田収授法にも表れているように、布帛が流通していたが、先にも述べたように布帛の価値は高額であり、農民と国内の穀物を取り引きする交換媒体としては不適当であった。したがって次なる災害対応として、国家と民衆のあいだで穀物取引をしていく必要に迫られたとき、国家は銭貨利用を開始したと予想される。

そこで改めて班田収授法施行以降の災害や飢饉の状況をみていくと、孝徳、斉明、天智天皇の治政において、災害関連記事はあまりみられない。再び増加傾向に転じるのは天武天皇からで、六七六年五月には下野《しもつけ》で凶作飢饉のために子どもを売ることを禁止、同年の夏には大旱が発生し飢饉となっている。翌六七七年の五月にも旱《ひでり》のため京畿内で雨乞いがなされ、六七九年の二月にも飢寒で貧乏の者への賑恤《しんじゅつ》が行われていることから、前年から飢饉が発生していたことがわかる。六八〇年は、七月に雨乞い、八月に水害や風害が発生し、一〇月に貧窮する僧尼や百姓に布帛の賑給《しんごう》がなされており、こうした連年続く飢饉への危惧もあってか、一一月には百官に対して「若《も》し国家に利あらしめ百姓を寛《ゆたか》にする術有らば、闕《けつ》に詣でて親《みずか》ら申せ。詞、理に合へば、立てて法則とせむ」との詔勅が出され、翌六八一年二月から飛鳥《あすか》浄御《きよみ》原《はら》律令の編纂がはじまる。

そうした流れのなかで、六八三年の四月に突如「今より以後、必ず銅銭を用いよ。銀銭を用いること莫《なか》れ」「銀用いることを止むること莫れ」との詔が現れる。この銀銭は無文銀銭に同定されており、一方の銅銭は富本銭《ふほんせん》か中国銭かは不明だが、いずれにせよ、低額な貨幣単位である銅銭の利用が志向されている点が注目される。「国家に利あらしめ百姓を寛にする術」が模索されるなか、五年以上続く災害飢饉への対応として、政府が新たに銭貨の導入に意欲を示しはじめたことを物語っている。しかし、それに続く詔がみられないことから、銭貨利用が本格化したとはまだいえない。

富本銭が発行されたとみられる六九四年以前を確認すると、持統朝の六八六年七月に天下百姓のうち貧窮者に対して前年までの稲と私財の元本の返済免除の詔が出され、翌六八七年七月にも負債者の利息の返済免除がなされており、当時不作や飢饉のため困窮者が多かったことがわかる。六九〇年一月には貧窮者に稲の賜与、六九一年は四月から八月まで水害に悩まされ、一〇月に長生池を畿内諸国に設置するに至る。六九二年三月には天下百姓のうち困窮者に稲の賜与《しよ》、四月に有位者に鍬《くわ》の賜与、閏五月に水害が発生し、自存できない者に対して官稲《かんとう》を貸し、山林池沢で漁をすることを許可している。また九月には、班田大夫を四畿内に派遣、翌六九三年に一月には京師の困窮者へ布を賜与、三月に草木を植えて五穀生産を助ける勧農政令が出されており、災害対応のための勧農政策が、さまざまな形で整備されていった様子がみてとれる。こうしたなか、さらなる有効な手立てとして、翌六九四年三月に再び鋳銭司《ちゆうせんし》設置が計画されたとみることができる。

ただ、鋳銭司の設置の動きは、持統天皇の死後、文武天皇が即位した後の六九九年一二月にもみられるものの、結局のところ和同開珎以前には銭貨の流通はほとんど認められず、十分に機能したとは考えにくい。当時の計画がうまくいかなかった原因は、国家の農業管理体制がいまだ十分に整っていなかったことにあると思われる。持統朝では班田は行われていたものの、文武朝以降よくみられる全国に穀物の備蓄や管理を指示する政令がみられず、国内で生産された穀物量が正確に把握できていなかった可能性が高い。また、国家体制を明文化した律令についても飛鳥浄御原令は未完成であり、その完成は大宝律令を待たねばならなかった。

したがって、すでに統治層の頭の中には、銅銭を利用して国内の穀物流通を管理する構想がありつつも、それを実現させるためには、基盤となる農業生産の管理体制をまず軌道に乗せる必要があったと考えられる。

和同開珎の発行

農業をめぐる国政改革としては、和同開珎が発行される少し前の時期が注目される。まず、七〇一年六月に国宰（国司）と郡司に、大税（諸国の正倉に蓄えられた稲、正税）を貯え置き厳正に管理することが命じられ、同年八月に大宝律令が完成する。翌七〇二年三月には度量衡の班布がなされ、全国一律の租税制度の施行、および穀物の貯蓄が整えられることとなった。さらに七〇六年二月に律令に規定された義倉の改定、九月にも田租の法が改正され、現状に即した穀物の収取と貯備、および流通システムが調整されていった過程がみてとれる。

そしてこの間も、自然災害、不作、疫病は多発していた。七〇一年は播磨、淡路、紀伊で大風と高潮により田園損傷、八月は諸国で蝗害《こうがい》と大風が起こり、秋稼《しゅうか》が損害を受けている。翌七〇二年も八月に駿河と下総で大風が起き、九月に先の二国と備中、阿波で飢饉が発生した。七〇三年は災異《さいい》が頻《しき》りに現れて不作とあり、七〇四年も各国で飢饉が発生、一〇月の収穫も水害や旱で不作となった。七〇五年はさらに悲惨で、四月から続く旱害のため、二〇か国において飢饉と疫病が生じる事態となり、その後も全国的な疫病と飢饉が七〇七年まで続いている。

この危機的状況のなか、七〇八年二月以降、和同銀銭と和同銅銭が発行される。この和同開珎発行を機に、日本の銭貨流通政策は軌道に乗るが、これは大宝律令が施行され、全国的に穀物を生産、備蓄する構造が整えられたことで、次なる災害対応として、国内で生産された穀物の流通を管理することが可能となったからとみられる。

そして実際、七一一年四月に、昨年の長雨の影響で大和と佐渡で飢饉が発生すると、その翌月にはさっそく「穀六升を以て銭一文に当てて、百姓をして交関して各その利を得しむ」との政令が下されている。

これは国家の貯備する穀物を、市場より安い値段で人びとに売り出した穀安銭高の政策といえ、[*25]飢饉によって穀物の市場価格が高騰したことに合わせて、困窮する人びとに安く穀物を回し、食料を与えて救済する目的で出されたものと位置づけられる。

蓄銭叙位令の意義

また、この穀物と銭貨の交換レートに関する政令が出された同じ年の一〇月、興味深い政策が二つ出されている。一つは官職の相当位に応じて官吏たちに定められた禄法で、絁《あしぎぬ》や糸のほかに、銭貨の支給が定められていた。本来、貴族や高級官吏たちは低額貨幣である銭貨など利用する必要がないにもかかわらず、ここで銭貨の支給が決定されている点が特殊である。

二つ目の政令は、同じ日に出されたいわゆる蓄銭叙位令《ちくせんじょいれい》である。その内容は、

夫《そ》れ銭の用なるは、財を通して有无《うむ》を貿易する所以《ゆえん》なり。当今、百姓、尚《なほ》習俗に迷ひて、その理を解らず。僅《わずか》に売り買ひすと雖《いへど》も、猶《なほ》銭を蓄ふる者无《な》し。その多少に随《したが》ひて、節級して位を授けよ。

(『続日本紀』和銅四年十月甲子条)

というもので、銭は有るものと無いものを交易させることが使用目的であるにもかかわらず、人びと

がその意味を理解せず、官吏たちが銭貨を蓄えないことを問題視して、蓄銭をした者に叙位の褒賞を与えることが取り決められていた。

これらの政令が出された理由について、先行研究では、前者は銭貨の普及促進、後者は銭を流通させ、かつ政府への還流を図った政策で、政府の財源としての有効性を増大させるものとして解釈されている。*26 もちろんそうした理由もあったと思われるが、しかしながらこれらが飢饉発生時に出された政策であったことを踏まえると、さらに別の側面がみえてくる。

すなわち、政府は穀物を所有する富裕な者から（有）、飢饉のため食料が不足する貧窮者（无）へ、銭貨を通じて交易させることで、民衆救済を図ろうとした意図が現れてくるのでる。実際、蓄銭叙位が行われた年を確認すると、いずれも献上の年、および前年、前々年の段階で、大規模な旱魃や水害、疫病による飢饉が発生している。*27 また、蓄銭叙位令といわれながらも、銭だけでなく稲や塩などを献上した者が叙位対象になっていることも、食料不足を受けた対策であったことを裏づける。

さらにこうした政策と同時並行で、七一一年一一月には諸国の大税《たいぜい》を三年間無利息で貸与する政策、私稲出挙《しとうすいこ》の利率を一倍から五割以下に半減させることも定められ、一二月にも王臣の山野占有が禁止されている。いずれも飢饉による貧窮者の救済措置ととらえられるものである。したがって、七一一年に右記の二つの政令が出された目的は、銭貨を利用して国内にさまざまな形で備蓄されている穀物を民間に放出することにあり、貴族や官吏、地方豪族たちは政府の手足となってその民衆救済策に取り組むことが求められたと考えられる。

以上、古代日本の農業政策および貨幣政策と自然災害・飢饉・疫病の関係について、一部分ではあるが分析してみた。[*28] 従来、班田収授法、和同開珎の発行、蓄銭叙位令など、いずれも災害対応策として考察されてこなかったが、両者を並べてみると、災害や飢饉、疫病と非常に密接に関わり、当時の政府が危機感をもって政策を実行していた様子をみてとることができる。

おわりに

古代社会は、疫病や飢饉《ききん》を生み出す構造とそれを抑制しようとする構造が併存するかたちで成り立っていた。人が分業を行い、かつ穀物に食料を依存するかぎり、自然災害を契機とする飢饉や疫病は必ず大規模に発生する。その危機的状況をいかに克服するか、それが古代社会の人びとにのしかかった最重要課題であったと思われる。

本章では、古代中国および古代日本において、国家が農業政策や貨幣政策を実施したタイミングに注目しながら論述してきたが、いずれの国においてもこれらの政策は、災害発生後あるいは災害が起こる前の、未然の対応策としてなされてきたことがわかる。かつ農業政策と貨幣政策は、国家の政治の根幹に位置づけられたものであった。それゆえに国家は、分業社会が大量死の危険を抱える宿命を十分に認識するものであり、その影響を最小限に留めるために、古代社会の人びとによって生み出された存在といってもよいだろう。

また、国家が行った農業政策や貨幣政策が、その成立当初から絶えず、自然災害や疫病と密接に関わって展開し続けてきたということは、非常時という特殊な社会状況を無視して、国家や制度を理解することはできないことを意味している。むしろ災害や疫病による非常時こそ、社会のシステムを大きく転換させる原動力となるものであって、それを組み込んだ歴史と人間社会の理解が、今後さらに求められていくだろう。

＊1　以下、『管子』および『国語』の原文、返り点、現代語訳は新釈漢文大系本により、一部表現を改めた。

＊2　ジェームズ・C・スコット、立木勝（訳）『反穀物の人類史─国家誕生のディープヒストリー』みすず書房、二〇一九年、一七頁。

＊3　ユヴァル・ノア・ハリ、柴田裕之（訳）『サピエンス全史（上）─文明の構造と人類の幸福』河出書房新社、二〇一六年。

＊4　三宅裕「揺らぐ新石器革命論─農耕・牧畜の起源と新石器時代の社会─」『季刊考古学』一四一号、二〇一七年。

＊5　装飾品は商品と見なされがちであるが、その構造を分析してみると、それ自体が貨幣であり、むしろ人類が貨幣を必要としたために創出されたものとしてとらえることができる（村上麻佑子「装飾品から考える人間社会」『日本史論』敬文舎、二〇一七年、二六六─二九七頁）。

＊6　北條芳隆「稲束と水稲農耕民」『日本史の方法』一一号、二〇一四年。

＊7　小茄子川歩『インダス文明の社会構造と都市の原理』同成社、二〇一六年、二〇八─二一〇九頁。

＊8　佐藤信弥『中国古代史研究の最前線』星海社、二〇一八年、五三─五七頁。

＊9　小路田泰直「聖書と記紀から読み解く天皇像」『私の天皇論』東京堂出版、二〇二〇年、二八─三〇頁。

＊10　『孟子』公孫丑章句下に「古之為レ市也、以二其所一レ有易二其所一レ無者、有司者治レ之耳。有二賤丈夫一焉、必求二龍斷一而登レ之、以左右望而罔二市利一。人皆以為レ賤、故從而征レ之。征レ商、自二此賤丈夫一始矣」とある。

＊11　『淮南子』脩務訓に「古者、民茹レ草飲レ水、采二樹木之實一、食二蠃蠬之肉一。時多二疾病毒傷之害一、於レ是神農乃始教三民播二種五穀一、相二土地宜一、燥濕肥墝高下、嘗二百草之滋味一、水泉之甘苦、令民知レ所二辟就一」とある。

＊12　『孟子』滕文公章句上に「夏后氏五十而貢、殷人七十而助、周人百畝而徹。其實皆什一也。徹者徹也、助者藉也」とある。

＊13　以下、『漢書』の訳については小竹武夫（訳）『漢書』（筑摩書房）にしたがい、一部文章の表現を改めた。

＊14　宮本一夫『神話から歴史へ　神話時代夏王朝』講談社、二〇〇五年、九五頁。

＊15　装飾品の貨幣としての使用をめぐっては、村上麻佑子「装飾品から考える人間社会」（『日本史論』敬文舎、二〇一七年）に詳しく論じた。

＊16　上田信『貨幣の条件　タカラガイの文明史』筑摩書房、二〇一六年、六〇─七三頁。

＊17　宮澤知之『中国銅銭の世界─銭貨から経済史へ─』思文閣出版、二〇〇七年、八─四一頁。

＊18　前掲注17『中国銅銭の世界─銭貨から経済史へ─』、四五─四六頁。

＊19　『史記』秦始皇帝本紀巻末付「秦記」恵文王二年条に「初めて銭を行す」とあることから、紀元前三三〇年代

に発行されたと考えられている。また、戦国中期墓から半両銭と銭範（銭の鋳型）が出土している（柿沼陽平『中国古代の貨幣』吉川弘文館、二〇一五年、四八—五二頁）。

*20 商鞅変法は、実際のところ改革全体に商鞅が携わったわけではなく、戦国秦において行われた一連の国政改革を商鞅に仮託したものと分析されている（吉本道雅「商君変法研究序説」『史林』八三巻四号、二〇〇〇年）。

*21 阡陌制とは、渭水などの大河に流入する諸川を利用して灌漑し、長さ五〇〇〇歩の幹線道路の左右に、長さ二四〇〇歩の支線を五本ずつつくり、支線道路の左右にそれぞれ五〇頃の耕地をひらき、大家族を解体した核家族の成年男子に一頃ずつ割り当てた制度。その成年男子は同時に戦士であることから、阡陌制は「かつ耕しかつ戦う」耕戦制といわれる（古賀登「県郷亭里制度の原理と由来」『史林』五六巻二号、一九七三年）。

*22 『史記』商君列伝に「僇レ力本二業耕織一、致二粟帛一多者復二其身一。事二末利一及怠而貧者，舉以為二收孥一」、また『商君書』農戦篇や壹言篇にもみられる。

*23 戦国秦の法律を記した睡虎地秦簡の秦律十八種・金布律をみると、「官府受レ錢者、千錢一畚、以二丞令印一印」とあり、官庁が銭を収納するときに重さではなく、一〇〇〇枚をまとめるよう指示する律の内容がみえる。ゆえに、当時銭を官庁に納める構造があったことは確実で、税として納めていた可能性もある。

*24 渡辺信一郎「漢代の財政運営と国家的物流」『中国古代の財政と国家』汲古書院、二〇一〇年、六一頁。

*25 栄原永遠男『日本古代銭貨流通史の研究』、塙書房、一九九三年、三四六頁。

*26 日本古典文学大系『続日本紀』一、岩波書店、一九八九、補注5—四一、四一四—四一五頁。

*27 ほかに、七四九年五月に銭の献上、七五三年九月に銭、七六五年八月に銭と一〇月に銭一〇〇万と稲一万束、及び稲二万束、七六六年一月と二月に銭、九月に銭と椙榑、一二月に銭と稲、三月に商布と銭、四月に絹・稲・銭、五月に米、六月に稲と牛、一〇月に銭・布・武笠・稲、七七〇年三月に銭と塩などを献上した者が叙位対象となっている。

*28 和同開珎以降の新銭発行に関しても、自然災害や疫病、飢饉との関連が濃厚で、この点については別稿にて論じる予定である。

附

中世の集団と国制

西谷地 晴美

第一節　中世国制研究の視点

中世国家をめぐる議論では、国家形態に関する、二つに収斂する仮説が提示されてきた。一つは国家レベルでの分業に着目する権門体制論であり、一つは支配領域を重視する東国国家論である。これらの仮説の多くは、中世という時期を通じて一貫して措定できる国家を想定し、その上で国家支配の問題や、支配集団と国制の問題を議論してきた。

ところでいずれの仮説も、近代国制の分析視角を日本中世の国家分析に適用している点では共通することに注意しておきたい。近代国制史研究と共通するさまざまな分析視角（たとえば官僚制、行政機構、裁判権、公共機能など）を、そのまま直接に中世国家に当てはめれば、近代に比して「未熟な中世国家」像しか析出できないことになろう。そのような分析視角の中で何に着目し、それをどのように適用すれば中世国家の特徴が現れるのかを考えることこそが重要である。

従来の中世国家とその支配システム研究は、領主制、荘園制の研究に始まり、勧農と徴税の問題、職の体系の議論、国家機構と支配制度等の研究が深まり、中世王権の議論へ展開してきている。また、改めて述べるまでもないが、支配構造と支配権力の分析が、中世国家論の中心であった。ところが、国衙領であれ荘園であれ、支配そのものは領主制や荘園制が代替しているので、国家と百姓との関係は不鮮明になりやすいが、徴税が可能であった理由を毎年春の勧農という個々の領主のルーティーンワークに求めたため、ますますこの傾向が強化された。一方、職の体系が中世国家論と結びつくと、国家構造は際限なく下降することになった。また周知のごとく中世では正当的暴力を国家が独占していないために、拡散しがちな中世国家論には、王権の所在確認という作業が常につきまとうことにもなった。近年は古代国家論がそうであったように、中世国家論も国家的儀礼や年中行事研究へ向かいつつある。そしてこれらの研究を総括すると、いずれも中世における平時の国家や安定期の国制を考察対象にしているようにみえる。

本稿で問題としたいのは、まさにこの点にある。それは、存在すら疑問視される場合のある中世国家の特徴が、はたして平時に現れるのかどうかという点である。天変地異や統治者の代替わり、あるいは戦争などを契機に出された新制や徳政に関する研究、それと関わる国家的徳治主義や撫民思想などの研究と、中世国制との関わりの深さを念頭に置けば、平時や安定期を前提とした従来の中世国制像は、再検討の必要があるように思う。その場合、戦後日本史学が必ずしも精力的に取り組まなかった視点や見過ごしてきた認識に、注意を払う必要があろう。

その第一は、生産力が停滞しあるいは後退する局面に対する認識である。[注1] 中世国家の形成と展開を気候変動や災害から考える視点については、すでに拙稿で示している。拙稿「中世前期の温暖化と慢性的農業危機」[注2]では、中世の支配システムや政治的・社会的集団の形成と温暖化による自然災害・慢性的農業危機との関係、あるいは中世の分権的な権力体系と災害復興との関係などについて、一つの仮説を提示した（以下、拙稿aと表記する）。また拙稿「中世前期の災害と立法」[注3]では、鎌倉幕府法における災害立法・災害復興法を考察し、南北朝期を境とする災害と国制との関係変化を指摘した（以下、拙稿bと表記する）。

第二は、戦争が歴史に果たした前進的側面の正当な評価である。公権授受の視点に基づく従来の鎌倉幕府研究を痛烈に批判した川合康氏は、戦争そのものが権力を生み出すという視点の提示とその論証を行い、戦後復興・戦後処理と国家との関係を重視した。[注4] また川合氏の論考「武家の天皇観」[注5]は、「天皇の軍隊」としての室町幕府の成立の論理を示し、新田一郎氏などによって想定されていた室町幕府による天皇制の強化という側面を、南北朝動乱の政治状況から論証している。

第三は、「危機のなかの中世」という藤木久志氏の視点である。藤木氏は一連の精力的な研究[注6]の中でこの視点を貫いているが、これらの研究を整理した講演記録「中世の生命維持の習俗」[注7]では、次のような話がなされている。「この五〇年を省み」ると、「平和と飽食とか、ときに平和ボケともいわれる、まことに幸せな日本の日々」が続いてきた。そのため、「戦争の時代とも宗教の時代ともいわれる、中世社会について、ついなんとなく、穏やかに過ぎていた日々というのを前提にし、村を論じても、安泰な中世村落像ばかり描きがちだった」。藤木氏はこのように戦後中世史研究の問題点を指摘した上で、「中世というのは、戦争と飢饉のあいつぐ、まさに『危機のなかの中世』としかいいようのない時代だった」と総括している。

ここでは三者の研究を挙げるにとどめたが、川合氏や藤木氏の研究は、戦後の日本中世史研究に対する痛烈な批判と、発想の転換による鮮やかな視点の提示に成功しており、高く評価したいと思う。これらの研究は、中世の国制を考える場合、非常時が担った意義や重要性に対する認識が欠かせないことを、明瞭に示している。

本稿は、中世では災害や戦争など非常時への対処の仕方にこそ、国制の特徴と時代性が現れるのではないかという視点から、中世の国制をとらえ直そうとした試論である。また、非常時に国制の特徴が現れるとすると、国制を構成する単位（集団）についても、あらためて明らかにする必要があろう。中世国制の基盤としては、支配集団・在地共同体・イエ・個人などが想定できるが、ここでは人や土地という家産を有し、経営の単位であったイエの問題に触れながら、中世における社会の全体構造の変化を探ることにしたい。[注8]

第二節　災害と国制——非常時公共機能の視点から

国制を考えるとき、時代を問わず公共性の問題はきわめて重要である。市民的公共性が登場するまでは国家における公共的機能の問題が公共の議論の中心となるが、[注9]いずれの公共に注目した場合でも、これまでは主に平時における公共の問題が議論されてきた。中世国制との関わりでは、公方論、[注10]公界論、[注11]勧進論、[注12]行政論[注13]などが目に付くが、その多くが鎌倉後期から室町期における変化を指摘している点に注目しておきたい。日常的な公共性が議論に上る時期を、これらの研究が暗示しているからである。

さて、前節の視点で中世の公共機能を考えると、非常時における国家の公共的機能の問題が浮上する。これは、非常時または災害復興・戦後処理における公共機能の問題であり、ここでは非常時公共機能という用語で呼ぶことにしたい。この問題には、拙稿ａで扱った災害復興と中世国家の形成の議論、公家新制や中世前期の徳政が周知のように非常時に出されていること、川合ａの治承・寿永の内乱における鎌倉幕府の戦後勧農使の議論、拙稿ｂで述べた災害立法と鎌倉幕府法との関係、および藤木久志氏の諸議論などが密接に関連してくるが、いずれにせよ非常時公共機能の理念と実態を明らかにすることが重要である。これは、災害や戦争という非常時に直面した国家は、何を維持・復興するのかという問題でもある。

延喜十四年（九一四）に作成された著名な三善清行意見封事十二箇条の一条目は、「まさに水旱を消し豊穣を求むべき事」（応消水旱求豊穣事）であり、その書き出しは「右、臣伏しておもえらく、国は民を以て天と為し、民は食を以て天と為す。民無くんば何に拠らん、食無くんば何に資せん。然らば則ち民を安ずるの道、食を足らすの要は、唯水旱在るも沴なく、年穀登るにある也」（右臣伏以、国以民為天、民以食為天。無民何拠、無食何資。然則安民之道、足食之要、唯在水旱無沴、年穀有登也）であった。拙稿aで明らかにしたように、当時は慢性的農業危機の最中であり、三善清行は「水旱休まず、災沴しばしば発る」（水旱不休、災沴屡発）（同条）という当時の深刻な自然環境を前提に、「まさに水旱を消し豊穣を求むべき事」を意見封事の一条目に置いたと考えられる。

　ところで、これと同じ論理は、周知の如く古代の正史にしばしば現れている。たとえば百万町歩開墾計画は「また食の本と為すは、これ民の天とするところなり。時に随いて策を設けるは、国を治むる要政なり。望み請うらくは、農を勧めて穀を積み、以て水旱に備う。仍ち所司に委ねて、人夫を差発し、膏腴の地の良田一百万町を開墾せん」（又食之為本、是民所天。随時設策、治国要政。望請、勧農積穀、以備水旱。仍委所司、差発人夫、開墾膏腴之地良田一百万町）[注14]という記事を載せているし、「勅して曰く、それ正税は、国家の資、水旱の備えなり」（勅曰、夫正税者、国家之資、水旱之備也）[注15]や、「勅すらく、租税の本は、水旱に備う」（勅、租税之本、備於水旱）[注16]などという記事は多い。

　国衙の正倉に蓄えられるべき田租（正税）は、現実にはさまざまに運用されたが、周知のようにその根本理念は災害対策用としての備蓄にあった。また「農を勧めて穀を積み、以て水旱に備う」（勧農積穀、以備水旱）の文言が示すように、勧農の本来の目的も災害対策にあった。古代以来の租税や国家的勧農に含まれるこのような理念は、三カ条吉書における春の勧農[注17]が示すように、中世に入ると領主制や荘園制の存続を正当化する理念となっていく。領主の有する公的性格は、制度的には所領の公的認定や税制上の優遇として現れるが、慢性的農業危機の結果出現するさまざまな領主制には、その初発からこのような公的機能が含み込まれていたのである。

　慢性的農業危機の時代に、国家が担ったもう一つの理念があった。王朝都市京都における奢侈の禁止である。前述の三善清行意見封事十二箇条の二条目は「奢侈を禁ずるを請う事」（請禁奢侈事）であった。この条には、「田畝はこのために荒廃し、盗徒はこれによりますます起こる」（田畝為之荒廃、盗徒由是滋起）という文言があり、三条目が「諸国に勅して現口数に随い口分田を授くを請う事」（請勅諸国随見口数授口分田事）という口分田についての条項である点から、二条目は一条目と密接に関係した条項であると判断できる。平安から鎌倉期の公家新制に多数現れる過差禁制が、災害と密接に関係する立法であったことを、この意見封事は示している。また、非常時の公共機能を国家が政策の基盤に据える限り、日本を空間的・観念的に凝縮したモデルでもある首都の法から、過差禁制が消えることはないという点にも注意しておきたい。[注18]

古代国家が担っていた非常時の公共的機能は、新制における過差禁制や災害時の勧農に代表されるように、王朝都市京都と地方とでその形態を変化させていったのであり、それを演出したのが中世初期の危機であったということになる。また、この国制においては、日常的に立法されてしかるべき国家法の重要事項の多くが、新制や徳政などの形態で、天変地異や災害あるいは戦争や統治者の代替わりなど、非常時を契機に作られたことにも注意をはらっておきたい。

第三節　イエと国制

中世は非常時公共機能を基盤に据える国制から出発したというのが本稿の立場であるが、この非常時公共機能はどのレベルで実現されるべきものと観念されていたのであろうか。前述したようにここではイエの問題を考えたいが、それぞれの階層においてイエがいつ成立したのかという混迷した議論には深入りしないことにしたい。それよりも、国制の基礎にイエが据えられるようになる時期こそが重要である。それを最も明瞭に示すのが立法とイエとの関係であり、ここでは人身売買禁令と私領売買禁令に注目することで、この問題を考えたいと思う。

賊盗律による人身売買禁止以後、人身売買禁令が再び立法されるのは、「まさに諸人奴婢を勾引し要人に売買する輩を搦め禁ずべき事」（応搦禁勾引諸人奴婢売買要人輩事）を定めた治承二年（一一七八）新制からである。

この人身売買禁令については、「保元から治承にかけて戦乱、地震、大水、大火、悪疫等の相ついだ世情は、かかる悪行の温床であったから、禁令の必要は十分に存したであろう」とする水戸部正男氏の評価や[注19]、「文面では奴婢の勾引売であるが、問題は人商人の横行であり、辺境地域における労働力の需要に原因があった」とする牧英正氏の理解など[注20]がある。しかし人身売買禁令を立法するのにふさわしい社会状況は、九世紀後半から十一世紀後半まで続いた慢性的農業危機の時期に何度も存在したわけであるから、いずれの見解にも従うことはできない。また、単なる撫民法とも思えない。立法の直接的な契機よりも、このような法が作られるようになった国制的背景が重要である。

一方、私領売買禁令は公家新制には現れないが、鎌倉幕府法では延応二年（一二四〇）に初めて、「自今以後はたとい私領たりと雖も、凡下の輩幷に借上等に売り渡すにおいては、近例に任せて、彼の所領を収公せらるべきなり」（自今以後者、縦雖為私領、於売渡凡下之輩幷借上等者、任近例、可被収公彼所領也）という私領売買禁令が立法される。

周知のように、近世初期の寛永の飢饉に際して出された田畑永代売買禁令（前年に人身売買禁令が出ている）は、小経営維持政策と評価されている。また、鎌倉幕府法の土地売買禁令は、一般的に御家人維持政策と言われている。これに準拠すれば、中世前期の人身売買禁令や私領売買禁令は、イエの維持を目指した法であったと総括してよいであろう。そして、拙稿bで明らかにしたように、これらの法は災害や戦争のたびに繰り返し立法されたのである。この事実は、中世前期の国制の基盤にイエが据えられていたなによりの証である。

在地社会におけるイエの成立は、慢性的農業危機からの復興の過程で開始されると考えられる。人身売買禁令が私領売買禁令に先んじて現れた事実は、イエにおける家産の基礎が人から土地へ移行していったことを示唆しているが、いずれにせよ国制の基礎にイエが据えられるようになるのは、十二世紀後半であったと推定される。これは、国家的に編成され直した百姓という身分呼称が十二世紀中頃に出現したという木村茂光氏の主張[注21]と、深く関係する事態であろう。イエのレベルで国家の非常時公共機能が実現される中世的国制は、慢性的農業危機が終了した後、十二世紀後半には姿を現したのである。

周知の如く中世前期の徳政の構図は、天と国家、国家と家、天と家との関係として現れるが、この場合の家にはすでに実質が伴っていた。古代国家が導入した律令制を支える国制理念は、天下－国－家の関係で構成される家を基盤とする国制であったが、その実現は十二世紀後半の非常時公共機能に基づく国制の成立をまたねばならなかったのである。そして朝廷であれ鎌倉幕府であれ、いずれもこのような非常時公共機能を基盤としている点では共通していた。しかしこの国制は、南北朝期にその姿を大きく転換させていく。

第四節　国制の転換

中世後期になると中世前期の形態がさまざまに変化していくが、ここでは以下の四点に注目したい。第一は村井章介氏の研究[注22]に代表される徳政の変化、第二は拙稿bで指摘した災害と国制との関係変化、第三は川合bの指摘する戦争と国制との関係変化、第四は佐藤進一氏の指摘する民意重視の室町幕府の出現[注23]である。

今、簡単に災害立法の変化を整理すれば、以下のようになる。まず、寺社領興行法は応安元年（一三六八）の「応安大法」（半済令）で姿を消し、その翌年の応安二年が従来型の過差禁令の最後である。[注24]室町期において私領売買禁令の立法はない。人身売買に関する立法は文明十八年（一四八六）に一例あるが、禁令かどうかは確認できない。返還規定の可能性が高い。六斎日・二季彼岸の殺生禁断令は、貞和二年（一三四六）〜観応二年（一三五一）頃の立法が最後となる。[注25]また悪党禁令については、「徳政の時代……の終幕とともに〈悪党の世紀〉も終末を迎えている」とする海津一朗氏の発言[注26]を挙げておこう。このように十四世紀後半は、災害立法の終焉期ととらえることができる。

周知の如く、室町幕府法の著しい特徴は経済関係の立法が激増することにあるが、それは同時に従来型の災害立法の消滅と表裏の関係にある点が重要である。これは国家法のベースが非常時から日常に移行したことを明瞭に示している。

では、このような変化はなぜ起きたのか。それには当該期の室町幕府をめぐる政治的状況と社会的状況が、深く関係していたと考えられる。

政治的状況については、川合bの研究が重要である。川合氏は、室町幕府が後醍醐に対抗して新しい朝廷（北朝）を作り出したこと、また南北朝合一後もことあるごとに「南朝」が持ち出されていく状況があり、このような当該期の政治状況が室町幕府を「天皇の軍隊」たらしめた原因であったことを、明快に述べている。このような状況においては天皇は自らの不徳を容易に表明できず、幕府の戦争も「南朝」に対するもの以外は「平時の戦争」を装うことになるのは当然である。[注27]

たとえば、永和四年（一三七八）にハレー彗星が出現した時、後円融天皇の朝廷では徳政の議論は行われず、この彗星がなんらかの政策決定に作用した形跡もないことが、海津一朗氏の研究[注28]によって明らかとなっているが、このような朝廷における徳政観の変化は、南北朝の動乱という政治状況によって初めて生み出されたのである。災害に対する立法のあり方や国家的徳政の内容が、室町期に入って大きく変化した理由は、このように「平時」を基盤とせざるを得ない国家が、南北朝の動乱を契機に成立したためである。南北朝期に出現した日常的公共機能に基盤を置く新しい国家（幕府）は、北朝の創出という事態によって直接的にもたらされたものであったが、その国家の成立を支えた社会状況にも注意をはらっておかねばならない。

前節で述べた国制の基盤に据えられたイエは、その後さまざまな階層で自律的動きを強めていく。十三世紀半ばの「王家」における天皇家の自律化、庶子家の自律化による惣領制の解体の動き（幕府とイエ支配権〈家父長権〉との関係変化）、さまざまな階層におけるイエの自律化による職の体系の動揺、百姓のイエの成熟と新しい在地共同システムの形成、京都商人のイエの自律化の動き（正和四年〈一三一五〉の朝廷による土倉課税）などは、その例である。

このような自律化しつつあるイエを基盤とし、非常時公共機能に基づく国制の姿は、建武三年（一三三六）十一月七日の建武式目に見いだすことができる。「まず武家全盛の跡を逐い、尤も善政を施さるべき哉、……古典に曰く、徳は是れ政を嘉し、政は民を安んずるにありと云々、早く万人の愁を休むるの儀、速やかに御沙汰あるべき乎」（先逐武家全盛之跡、尤可被施善政哉、……古典曰、徳是嘉政、々在安民云々、早休万人愁之儀、速可有御沙汰乎）という建武式目「政道事」（先の冒頭の記事は、これが徳政思想を基礎においていることを示しており、「倹約を行わるべき事」（可被行倹約事）という一条目から、非常時公共機能に基づく国制が継続していることが確認できる。六条目までが都市法としての条文であるが、民意重視という室町幕府の特徴は、「私宅の点定を止めらるべき事」（可被止私宅点定事）を定めた四条目に現れているし、[注29]「無尽銭土倉を興行せらるべき事」（可被興行無尽銭土倉事）を規定した六条目では、「諸人安堵之基」を確保するための土倉興行が謳われ、経済関係の立法が激増するという室町幕府法の著しい特徴の先駆を見ることができる。

鎌倉後期にさまざまな階層で始まるイエの自律化の動きは、支配者集団内部においても、あるいは中世都市京都のように国家と都市民が直接対峙する場においても、民意重視の国制を準備していく。また当該期は、「諸人安堵之基」が恒常的な貨幣経済の維持と不可分の段階に入っていた。イエの自律化の進行により民意重視の国制が求められており、それが恒常的な貨幣経済の維持・統制と不可分の関係になっていたのである。鎌倉末・南北朝期のこのような社会状況の変化が、非常時公共機能に基づく国家を日常的公共機能の実現を図る国家へスムーズに転回させる素地となったと考えられる。

しかし、災害・飢饉や戦争が中世前期に比して変化するわけではないので、社会全体は以前の国制のあり方も当然必要とする。将軍の代替わりや激甚災害時に徳政を行おうとしない幕府に対して在地社会から徳政要求が起こったこと、あるいは千々和到氏の研究[注30]が示しているように室町期に改元待望が広範に存在したこと[注31]などは、その端的な例である。

非常時の公共的機能は幕府以外の権力に継続されねばならない。これは室町幕府以外の権力が非常時公共機能を体現していくことであり、公共機能からみた二元的国制の出現ととらえることもできる。幕府が担う日常的公共機能と在地権力が有する非常時公共機能という構図を論理的に想定することができる。中世後期における「公」の分散・下降と言われてきた事態や在地徳政の展開などは、必ずしも自立的な在地権力の出現によってのみもたらされた現象ではなく、国制の転換によって必然的に生じた変化でもあったのである。

最後に、その後の公的権力が有する公共機能の変化について触れておきたい。この点を考える上で重要となるのが、則竹雄一氏の後北条領国を事例とする研究である。則竹氏は論考「後北条領国下の徳政問題」[注32]において、「債務の破棄をその中心的課題としてきた徳政が、借銭・借米などの債務破棄だけでなく永禄三年（一五六〇）徳政令のように年貢納入の新規定など後北条氏の税制改革が徳政で位置づけられているのはなぜか」という疑問を提示し、「百姓中の上に支配の正当性を示すところの『公儀』として支配の確立の手段として徳政令は出された」との見解を表明している。また、論考「大名領国下における年貢収取と村落」[注33]では、この議論をさらに進展させて、「戦乱・自然災害（水損・風損など）といった個別地頭支配を越える問題状況に対しては、大名権力が撫民政策（徳政など）で『当作』実現を図る。つまり、日常的な個別地頭層の、非日常的な大名権力の二重構造で年貢収取が実現されていた」ことを明らかにしている。この則竹氏の研究は、戦国期の国制を日常的公共機能と非常時公共機能の重層構造としてとらえた点で優れている。

則竹氏の提示した戦国期の構図は、南北朝の動乱の結果成立した室町幕府の体制、すなわち日常的公共機能の維持を体制理念とする幕府と、非常時公共機能を在地権力が補完する新しい国制が、冷涼化を軸とする十五世紀以降の気候変動と相次ぐ戦乱によって、大名権力の非常時公共機能がその社会的役割を増大させた姿であったと考えられる。

その後、近世統一権力による惣無事令などを契機に、日常的公共機能を原理とする国制が新たに出現していくことになると考えられる。近世国家は、日常的公共機能に立脚しながら、「改革」時には非常時公共機能をも巧みに体現する権力として立ち現れていったのではないか。民衆の生命維持装置が戦場から普請へ形態を変化させたという藤木久志氏の興味深い主張も、この国制変化と深く関係すると思われるが、近世国制の再検討も含めて今後の課題である。

おわりに――中世国制研究と現代

二十世紀後半は東西冷戦構造の時代であった。戦後の日本史研究は多かれ少なかれその時代状況から影響を受けてきたが、それもすでに過去の出来事となりつつある。では、二十一世紀はどのような時代となるのか。

二十一世紀における最重要課題の一つが、温暖化現象に代表される地球環境問題であることは疑う余地がない。近年の温暖化予測によれば、一〇〇年後の平均気温上昇予測が二℃から二・五ないし三℃に上方修正されつつあるし、英国政府研究機関(ハドリー研究所)による五〇年後のアマゾン川流域草原・砂漠化予測(気温上昇七℃、年間降水量五〇〇ミリ)[注34]までが出されている。地球温暖化防止京都会議での先進国二酸化炭素排出量削減努力目標値は、政治的取引により五~七%程度にとどまっているが、平均気温を現在の水準に保つためには、直ちに五〇~七〇%の排出削減が必要であることは、すでに周知の事実に属する。[注35]温暖化は止まらないのである。二十一世紀は、地球温暖化による相次ぐ甚大な自然災害と食糧危機の時代となるであろう。それに伴う新たな地域間紛争の発生も予想される。食糧の多くを輸入に頼っている日本では、農産物確保の的確な将来予測が困難となりつつある。

本稿が提唱した国制研究における非常時公共機能重視の視点は、このような二十一世紀予測をも視野に入れている。冷戦構造の時代に、日本の国制は戦争のみを非常時と錯覚し、経済成長を最優先課題に掲げて「平和と飽食」をむさぼり続けた。その結果、真の意味での危機管理能力を完全に喪失した日本(一九九五年の阪神淡路大震災における政府や地方自治体などのぶざまな対応はその典型)にとって、「危機のなかの中世」国制研究は、今後重大な役割を担うことになるであろう。

(1) この重要性を明確に主張した先駆的研究として、峰岸純夫「自然環境と生産力からみた中世史の時期区分」(『日本史研究』四〇〇、一九九五年）と、そのなかで整理されている磯貝富士男氏の諸研究がある。
(2)『民衆史研究』五五、一九九八年。
(3)『歴史評論』五八三、一九九八年。
(4) 川合康「治承・寿永の『戦争』と鎌倉幕府」(『日本史研究』三四四、一九九一年)、同『源平合戦の虚像を剥ぐ』(講談社選書メチエ、一九九六年）など。以下、川合aと表記する。
(5)『講座　前近代の天皇』第四巻、青木書店、一九九五年。以下、川合bと表記する。
(6) 藤木久志「生命維持の習俗三題」(『遥かなる中世』一四、一九九五年)、同『雑兵たちの戦場』(朝日新聞社、一九九五年)、同『村と領主の戦国世界』(東京大学出版会、一九九七年）など。
(7)『成城大学民俗学研究所紀要』二二、一九九八年。
(8) 国制概念については、水林彪「国制の比較史的研究のための枠組みについて」(『歴史評論』五〇四、一九九二年）などを参照。
(9) 東島誠氏は「《公共性》問題の構図と《無縁》論」(『日本史研究』三九一、一九九五年）において、オフィシャルとしての「公」の議論を捨象した上で、「公法における〈国家的公共性〉対〈市民的公共性〉なる類型化」を「公共性と自治をめぐる議論のヴァリエイションに過ぎない」とし、それを歴史学が最も陥りやすい陥穽と非難している。市民的公共圏と中世自治組織の「公」とは根本的に異なるという氏の話は理解できるが、上記の非難は公共性の議論を特定の時代と固有の場に幽閉しかねない主張であり、同意できない。公的権力が有する公共的機能の問題は、国家成立以降の東アジア世界の歴史のなかで公共性の変化を議論しようとする場合には、簡単に捨象できる事柄ではない。
(10) 古沢直人『鎌倉幕府と中世国家』(校倉書房、一九九一年)、新田一郎『日本中世の社会と法』(東京大学出版会、一九九五年）など。
(11) 網野善彦『無縁・公界・楽』(平凡社、一九七八年)、新田一郎「中世後期の秩序構造の特質」(『日本史研究』三八〇、一九九四年）など。
(12) 東島誠「前近代京都における公共負担構造の転換」(『歴史学研究』六四九、一九九三年)。
(13) 小路田泰直「国家と官僚制についての考察」(『比較国制史研究序説』柏書房、一九九二年)。
(14)『続日本紀』養老六年（七二二）閏四月二十五日条。
(15)『続日本紀』延暦四年〈七八五〉七月二十四日条。

(16)『日本後紀』延暦十六年〈七九七〉二月二十八日条。
(17) 中野豈任『祝儀・吉書・呪符』(吉川弘文館、一九八八年。
(18) 首都の位置づけについては、西村さとみ「平安京の祭礼」(『ヒストリア』一四五、一九九四年)を参照。
(19) 水戸部正男『公家新制の研究』(創文社、一九六一年)。
(20) 牧英正『人身売買』(岩波新書、一九七一年)。
(21) 木村茂光「中世農民像の転換」(『ローカルな思想を創る』農山漁村文化協会、一九九八年)、同「中世百姓の成立」(『日本社会における王権と封建』東京堂出版、一九九七年)。
(22) 村井章介「徳政としての応安半済令」(『中世日本の諸相』下、吉川弘文館、一九八九年)。
(23) 佐藤進一『日本の歴史 9 南北朝の動乱』(中央公論社、一九七四年)。
(24) なお、至徳元年(一三八四)に食事に関する過差禁令が出ているが、評価は微妙である。注(27)の奉公衆の成立と関係があるかもしれないが、今は保留しておきたい。
(25) 平雅行「殺生禁断の歴史的展開」(『日本社会の史的構造』古代・中世、思文閣出版、一九九七年)。
(26) 海津一朗「得宗専制と悪党はいかに関係するか」(『争点日本の歴史』第四巻、新人物往来社、一九九一年)。
(27) 室町幕府の戦争の多くが「平時の戦争」を演出していった背景には、永徳年間(一三八〇年代前半)頃に「御馬廻三千騎」と呼ばれた幕府の奉公衆が成立したこと(森幸夫「室町幕府奉公衆の成立時期について」『年報中世史研究』一八、一九九三年)も深く関わっていると考えられる。幕府財政と密接に関係することとなる奉公衆の成立が担った歴史的役割については、それを江戸幕府の旗本に比した佐藤進一氏の見解なども踏まえて、今後の検討課題であるが、奉公衆が恒常的でかつ巨大な在京常備軍(これは将軍の家産機構でもある)として出現した事は、室町幕府の性格を考える上で重要なポイントとなろう。
(28) 海津一朗『神風と悪党の世紀』(講談社現代新書、一九九五年)。
(29)『中世政治社会思想』上、補注(岩波書店、一九七二年)。
(30) 千々和到「暦と改元」(『講座 前近代の天皇』第4巻、青木書店、一九九五年)。
(31) これは、中世後期の災異改元が中世前期に比べて大幅に減少する事実(峰岸純夫「自然災害は人々にどのような影響を与えたか」『新視点日本の歴史』第四巻、新人物往来社、一九九三年)と表裏の関係にある。
(32)『社会経済史学』五四・六、一九八九年。
(33)『歴史学研究』六五一、一九九三年。
(34)「朝日新聞」一九九八年十一月八日。

（35）平成十年版『環境白書』総説。

〈補記〉

この論考は、一九九八年度日本史研究会大会で行った同名の研究報告であり、『日本史研究』（四四〇号、一九九九年）の大会特集に掲載され、拙著『日本中世の気候変動と土地所有』（校倉書房、二〇一二年）に収録したものである。今から二〇年以上前の研究なので、修正・増補すべき点もあるが、今回、小路田泰直氏の求めに応じてそのまま本書に再録することになった。ただし、現在世界が直面している地球温暖化問題に関しては記述がまったく足りていないので、西谷地晴美編著『気候危機と人文学――人々の未来のために』（奈良女子大学文学部〈まほろば〉叢書、かもがわ出版、二〇二〇年）をあわせてご参照いただければ幸いである。

おわりに

疫病は人から助け合いを奪い、差別を助長する。それが同じ災厄でも、疫病がほかの災厄と違うところだ。感染の恐怖が人を引き裂く。今回のコロナ禍においても、感染者に対する差別、感染者家族に対する差別、医療従事者に対する差別が、露骨に横行した。

そして重要なことは、その種の差別は、他国においてよりも、日本においてより激しいということである。誰かが感染した場合、それを本人の自業自得と考える人の比率が、日本では他のいかなる国よりも多いと聞く。お互いさまという感情がわかない。だとすれば感染者は、感染しない人間よりも劣る、しかも他人に感染させる恐れをもった存在だから、排除し、差別するのは当然ということになるのである。

しかし考えてみれば、日本人はそうして感染症からみずからと社会を守っているのである。だから逆に、感染症を社会的に抑え込もうとする志向が弱い。多くの国では、徹底した検査（ＰＣＲ検査・抗原検査・抗体検査）を実施し、陽性者を見つけ出しては隔離し、陰性者は日常に戻すというのが、通常とられる感染症対策だ。中国も韓国もドイツもニューヨークも、そうしてコロナ禍の抑え込みに、一定の成功を収めている。

しかし日本政府はそれをしない。いつまで経ってもＰＣＲ検査数を増やそうとしないのである。たしかに三月、四月の感染初期より増えてはいるが、他国に比べれば比較にならないほど小さな増え方にすぎない。第二波がはじまった六月、感染がまだ東京の新宿エリアに限定されていたとき、同エリアの徹底したＰＣＲ検査を、ローラー作戦的に行えとの提案は各方面からなされたが、政府も東京都もそれをしようとはしなかった。

しかも興味深いのは、それをしないことを正当化する議論が、マスコミ上ではもてはやされ続けているということである。そして検査数を増やせと首尾一貫論陣を張ってきたテレビ番組とそこに出演してきた感染症学者が、かえって揶揄《やゆ》、罵倒《ばとう》の対象となっている。なんとも興味深い現象である。

しかし多くの国民にとって、感染症から身を守る術が、差別と排除を伴う自己防衛であることを前提にすれば、その政府や東京都やマスコミの対応もわかる。普通の国の普通の政府と同じような対応をしてしまえば、「権力」が「自治」（人権）の範囲に土足で踏み込むことになってしまうからである。そしてそれは、この国を成り立たせている、何か根本的な秩序を傷つけてしまう可能性を秘めるからである。

ということは、結局この国では、あらゆる感染症対策は、差別と排除を伴う一人ひとりの自己防衛と、医療従事者たちの決死の献身の組み合わせの上になされるしかないということになる。なんともやるせない気持ちになるが、それが堅実なのかもしれない。

しばらく前に盛んに論じられ、流行の第二波の訪れとともに立ち消えになった、ファクターXを探せ、との呼びかけがある。第一波の流行時に日本人の感染者数、死亡者数が際立って少なかったことには、何か特別な理由があるのではないかとの問いから発した呼びかけである。その理由を誰かがファクターXと名づけた。たしかに、それはあるのかもしれない。しかし、それは遺伝的な問題など、身体にまつわる問題だけではない。感染症に対して、差別や排除を伴いながらも、自己防衛を基本にそれに対処しようとする日本人の心性もまた、そのファクターXのひとつではないだろうか。日本人にその心性があるから、各種行政は過度に社会に介入することを恐れ、何か行政上の目的を達しようとするとき、介入によるのではなく、同調を求めようとするのである。そして、時に成功を収めるのである。

しかしこのファクターX、すなわち感染症に対処するのに、国家権力の力をもってするのでも、社会連帯（相互扶助）の力をもってするのでもなく、まずは一人ひとりの自己防衛の積み上げをもってしようとする日本人の心性は、いったい、いつ、どのようにして形成されたのだろうか。

それは、ひと昔前の、日本資本主義の根底にはなぜ「封建的なもの」「前近代的なもの」（封建遺制）が根強く横たわり続けるのかとの講座派的問いにつながる。本来答えを出さなくてはならない大きな問いである。しかし本書にはまだ、その問いに答える十分な用意がない。かろうじて住友陽文氏の論考が、その問いに肉薄してくれている。

当然一事が万事、『疫病と日本史――コロナ禍のなかから』という表題を掲げるのには、本書はまだまだ不十分である。しかし、何か出来事があると歴史上の類似の出来事を探し出し、ただエピソードを提供するだけに終わる従来の歴史学よりは、一歩前に出られたと思う。未曾有の大事件が、歴史学の大きな前進につながるきっかけともなればと思い、本書を世に送る。

小路田 泰直

西谷地 晴美（にしやち せいび）／
1959年生まれ。奈良女子大学研究院人文科学系教授
研究分野：日本中世史
主な著書・論文：『日本中世の気候変動と土地所有』（校倉書房、2012年）、『古代・中世の時空と依存』（塙書房、2013年）、「熊野街道の夜」奈良女子大学叢書２『日本史論――黒潮と大和の地平から』（敬文舎、2017年）、『気候危機と人文学――人々の未来のために』（編著、かもがわ出版、2020年）、「聖地配列と国土・畿内観」奈良女子大学叢書５『大和・紀伊半島へのいざない』（敬文舎、2020年）

西村 さとみ（にしむら さとみ）／
1963年生まれ。奈良女子大学研究院人文科学系教授
研究分野：日本文化史
主な著書・論文：『平安京の空間と文学』（吉川弘文館、2005年）、「大和と吉野――壬申の乱の前後」奈良女子大学叢書２『日本史論――黒潮と大和の地平から』（敬文舎、2017年）、「唐風と国風」田中史生編『古代日本と興亡の東アジア』（竹林舎、2018年）、「平安京の災異と救済」『都城制研究』13号（2019年）、「神話の再編と伊勢・熊野」「川の吉野・山の吉野」奈良女子大学叢書５『大和・紀伊半島へのいざない』（敬文舎、2020年）

斉藤 恵美（さいとう えみ）／1982年生まれ。奈良女子大学特任助教
研究分野：日本思想史、仏教史
主な著書・論文：「大麻の日本史」『日本史の方法』2号（2005年）、「奈良時代の弥勒信仰と阿弥陀信仰――法相宗の弥勒信仰を手掛かりとして」『寧楽史苑』60号（2015年）、「熊野の神と本質」奈良女子大学叢書２『日本史論――黒潮と大和の地平から』（敬文舎、2017年）、「熊野信仰と鳥」『古代学』11号（2020年）「熊野信仰 ――海と山と世界」奈良女子大学叢書５『大和・紀伊半島へのいざない』（敬文舎、2020年）

村上 麻佑子（むらかみ まゆこ）／
1986年生まれ。岡山大学大学院ヘルスシステム統合科学研究科特任助教
研究分野：日本貨幣史
主な著書・論文：「装飾品から考える人間社会」奈良女子大学叢書２『日本史論――黒潮と大和の地平から』（敬文舎、2017年）、「日本における古代銭貨流通の契機」『寧楽史苑』62号（2017年）、「網野貨幣論の到達と限界」『検証 網野善彦の歴史学』（岩田書院、2009年）

執筆者一覧（執筆順）

小路田 泰直（こじた やすなお）／1954年生まれ。奈良女子大学副学長
研究分野：日本近代史
主な著書・論文：『日本史の思想 ――アジア主義と日本主義の相克』（柏書房、1997年）、『「邪馬台国」と日本人』（平凡社新書、2001年）、『日本近代の起源 ―― 三・一一の必然を求めて』（敬文舎、2015年）、奈良女子大学叢書２『日本史論――黒潮と大和の地平から』（敬文舎、2017年）、奈良女子大学叢書５『大和・紀伊半島へのいざない』（敬文舎、2020年）

岡田 知弘（おかだ ともひろ）／
1954年生まれ。京都橘大学現代ビジネス学部教授
研究分野：地域経済学、農業経済学
主な著書・論文：『日本資本主義と農村開発』（法律文化社、1989年）、『震災からの地域再生――人間の復興か惨事便乗型「構造改革」か――』（新日本出版社、2012年）、『原発に依存しない地域づくりへの展望――柏崎市の地域経済と自治体財政』（共編著、自治体研究社、2013年）

住友 陽文（すみとも あきふみ）／
1963年生まれ。大阪府立大学大学院人間社会システム科学研究科教授
研究分野：日本近現代史
主な著書・論文：『皇国日本のデモクラシー――個人創造の思想史』（有志舎、2011年）、『近代のための君主制――立憲主義・国体・「社会」』（共編著、大阪公立大学共同出版会、2019年）、『核の世紀――日本原子力開発史』（共編著、東京堂出版、2016年）

田中 希生（たなか きお）／1976年生まれ。奈良女子大学文学部助教
研究分野：日本近現代史
主な著書・論文：『精神の歴史――近代日本における二つの言語論』（有志舎、2009年）、「明治維新々論――王政復古と島崎藤村」『明治維新とは何か？』（共編著、東京堂出版、2018年）、「天皇とはなにか―死・性愛・戦争」『私の天皇論』（共編著、東京堂出版、2020年）、「歴史としての紀伊半島―― 純文学、あるいは中上健次のために」奈良女子大学叢書５『大和・紀伊半島へのいざない』（敬文舎、2020年）

装幀・デザイン　姥谷 英子
図版作成　蓬生 雄司
編集　阿部 いづみ

奈良女子大学叢書 6
疫病と日本史――「コロナ禍」のなかから

2020年10月25日　第1版 第1刷発行

編著者　小路田 泰直
発行者　柳町 敬直
発行所　株式会社 敬文舎
〒160-0023　東京都新宿区西新宿 3-3-23
ファミール西新宿 405 号
電話　03-6302-0699（編集・販売）
URL　http://k-bun.co.jp
印刷・製本　中央精版印刷株式会社

造本には十分注意をしておりますが、万一、乱丁、落丁本などがございましたら、小社宛てにお送りください。送料小社負担にてお取替えいたします。

Printed in Japan ISBN978-4-906822-68-3